N.-D. DU ROSAIRE, PRIEZ POUR NOUS

AVE MARIA

BIBLIOTHÈQUE

DU

ROSAIRE VIVANT

LE MANS

IMPRIMERIE LEGUICHEUX ET Cie

Rue Marchande, 15 et 17

1886

N.-D. DU ROSAIRE, PRIEZ POUR NOUS

Ave Maria

BIBLIOTHÈQUE DU ROSAIRE VIVANT

OUVERTE

De 11 heures à midi le Dimanche

De 1 h. à 2 h. le Jeudi

EXCEPTÉ

1° Les dimanches de Pâques, de la Pentecôte et autres dimanches où tombe une fête de première classe ;

2° Les jeudis de l'Ascension et de la Fête-Dieu ;

3° Du 1er Août au 1er Septembre de chaque année.

RÉGLEMENT

ARTICLE 1er. — Nul ne peut être abonné à la bibliothèque du Rosaire s'il n'appartient à l'association du Rosaire Vivant.

ART. 2. — Le prix de l'abonnement annuel à la bibliothèque est de 0,50 centimes en plus des 0,15 centimes de la cotisation.

ART. 3. — Tout abonné reçoit, moyennant 0,10 centimes, une carte portant son nom, son adresse, qu'il devra présenter chaque fois qu'elle lui sera réclamée par Mesdames les bibliothécaires.

ART. 4. — Cette carte doit être présentée chaque fois qu'on demande ou qu'on rend un livre, par soi-même, ou par une tierce personne.

ART. 5. — Chaque carte donne droit à un volume à la fois. Les personnes qui désireraient plusieurs livres en dehors de celui auquel elles ont droit, les paieraient à part, à raison de 0.10 centimes par volume.

On ne peut prendre plus de six volumes à la fois.

ART. 6. — La personne à qui cette carte est délivrée, répond des ouvrages qui sont remis à sa présentation. S'il est dûment constaté que le volume a été gravement détérioré depuis l'époque où il a été remis, elle est passible d'une amende de 0,50 centimes.

ART. 7. — Aucun livre ne peut être gardé plus d'un mois; passé ce terme il pourrait être réclamé par un commissionnaire aux frais de la personne en retard.

NOTA. — A. La bibliothèque n'ayant d'autres ressources que les aumônes du Rosaire Vivant, on espère que les Associés se feront un devoir de les augmenter autant que possible.

B. L'achat du Catalogue est presque indispensable : pour en faciliter le paiement on pourra verser 0,10 centimes chaque mois jusqu'à concurrence du prix.

Signes conventionnels :

B. Bleu. — Livres pieux.

R. Rouge. — Livres sérieux.

V. Vert. — Livres amusants.

CATALOGUE

DE LA

BIBLIOTHÈQUE DU ROSAIRE VIVANT

A

A (l'abbé)

747 **La Religion en tunique,** 1 vol. in-12. V. R.

L.-A (l'abbé)

793 **Une Sœur de Fabiola,** 1 vol. in-12. V.

A. R.

797 **Les Croisades,** 1 vol. in-12. R.

A. R. C. R.

756 **Le Protestantisme et les temps modernes,** 1 vol. in-12. R.

A. S.

760 **Mœurs et Coutumes de la Chine,** 1 vol. in-12. R.

---

754 **Abrégé de tous les Voyages autour du monde,** 1 vol. in-12. V. R.

740 **Abrégé des Voyages de Levaillant en Afrique,** 1 vol. in-8. R.

752 **Abrégé de la Vie admirable de Elisabeth Canori Mora.** R.

44 **Actes Pontificaux,** 2 vol. in-4. (double). R.

775 **Adelaïde de Wisbury,** 1 vol. in-12. V.

897 **Adhémar de Belcastel,** 1 vol. in-12. V.

Adhémar

792 La Jeune et parfaite Demoiselle, 1 vol. in-12. V.

Ages (**M**lle **des**)

51 Une Sœur aînée, 1 vol. in-8. V.

Aymé

773 Fondements de la Foi, 2 vol. in-12. B.

Aladel

772 La Médaille miraculeuse, 1 vol. in-12. B.

Alaume (R. P.)

771 Souffrance de N.-S. Jésus-Christ, 1 vol. in-16. B.

Alcan

767 La Légende des Ames, 2 vol. in-12. R.

Alexis (**Louis de Saint-Joseph**) (R. P.)

765 L'Abeille du Carmel, 2 vol. in-12. R.

Alix (l'abbé **Céleste**)

742 La Bienheureuse Marianne de Jésus, 1 vol. in-12. R.

---

774 Alix Leclerc, 1 vol. in-12. V.

Allard (**Paul**)

766 Les Esclaves chrétiens, 1 vol. in-12. R.

Allent

798 Les Animaux industrieux, 1. vol. in-12. V.

Allibert

746 Vie de sainte Catherine de Sienne, 1 vol. in-12 (double). R.

58 Alpes et Pyrenées, 1 vol. in-8. V.

Alta Rocca (**Rémy d'**)

794 Contes et Histoires, 1 vol. in-12. V.

Altenheyur (**d'**)

749 Les Anges d'Israël, 1 vol. in-12. R.

751 L'Afrique, 1 vol. in-12. R.

Ambert (g[al])

56 Récits militaires, 1 vol. in-8. V.
791 L'Héroïsme en soutane, 1 vol. in-12. V.

---

31 L'Ami des Jeunes Filles, 2 vol. in-4. V.
39 Les Amies de pension, 1 vol. in-4. V.

Andryane (Alexandre)

53 Mémoires d'un Prisonnier d'État, 2 vol. in-8 (double). R.
755 Mémoires d'un Prisonnier d'État, 2 vol. in-12. R.
790 Anecdotes Chrétiennes, 2 vol. in-12. V.

---

47 L'Ange-Gardien, 5 vol. in-8. R.
777 Angèle, histoire d'une Chrétienne, 1 vol. in-12. V.
43 Annales de la Charité (10me année), 1 vol. in-4°. R.
57 Annales de N.-Dame de la Salette, 1 v. in-8. R.
46 Annales de la Propagation de la Foi, de 1 à 24 vol. in-8. R.
761 Annales de l'Œuvre de la Sainte-Enfance, 24 vol. in-12. V. R.

Ansart

738 L'Esprit de Saint-Vincent-de-Paul, 2 vol. R.

---

770 Anselme le mendiant, 1 vol. in-32. V.

Antimorre (d')

781 Petits Portraits, 1 vol. in-12. V.

Antoine (l'abbé)

50 La Thébaïde chrétienne, 1 vol. in-8. R.

---

763 Apostolat de Saint-François-de-Sales, 1 vol. in-12. R.

Archier (Adolphe)

768 Charité mène à Dieu, 1 vol. in-12 (double). V.
789 Privilège de saint Romain, 1 vol. in-12. V.
769 La Compagnie de Jésus, 1 vol. in-12. R.

Argentan (R. P. d')

49 Conférences sur la sainte Vierge, 2 vol. B.

Armaillé (d')

758 Marie-Thérèse et Marie-Antoinette, 1 vol. in-12. R.

Arnaud (Frère)

757 Vie de sainte Angèle de Foligno, 1 vol. in-12 (double). R.

Artaud de Monjor (chevalier)

52 Histoire du Pape Pie VIII, 1 vol. in-8. R.
741 Histoire du Pape Pie VII, 3 vol. R.

1623 Arthur et Théobald, 1 vol. in-12. V.

Arvor (**Gabrielle d'**)

786 Lucie, 1 vol. in-12. V.
779 La Cassette du baron du Faouedic, 1 vol. in-12. V.
796 Alba la Japonaise, 1 vol. in-12. V.
776 Louise et Hélène, 1 vol. in-12. V.
782 Pauvre Claude, 1 vol. in-12. V.

Aubineau (**Léon**)

743 Le bienheureux Labre, 1 vol. in-12. R.
750 Les Serviteurs de Dieu, in vol. in-12. R.
739 La R. M. Emilie, 1 vol. in-12. R.
780 Une Femme Apôtre, 1 vol. in-12. V.
34 Les Serviteurs de Dieu, 1 vol. in-4. R.
759 Le saint Homme de Tours, 1 vol. in-12. R.

Audeval (**H**)

784 Histoire d'une Bague d'argent, 1 vol. in-12. V.

Audin

762 Histoire de Calvin, 1 vol. in-12. R.
745 Histoire de la Vie, des ouvrages et des Doctrines de Luther, 1 vol. in-12. R.
748 Histoire de Léon X, 1 vol. in-12. R.

Aufauvre (**A.**)

787 Les Enfants de la neige, 1 vol. in-12. V.

783 Le Fil de la Vierge, 1 vol. in-12. V.

Augustin (saint)

764 Confessions, 1 vol. in-12. R.

Auvergne

55 Mgr Auvergne, archevêque d'Icône, 1 vol. in-8. R.

Auvray (Michel)

753 Les Vacances de Madeleine, 1 vol. in-12. V.
788 Les Papillons noirs de Paris 1877, 1 vol. in-12. V.
778 Marthe et Marie, 1 vol. in-12. V.
795 L'Ambitieuse. 1 vol. in-12. V.

---

744 Aventures de Carver, 1 vol. in-12. R.
54 Aventures d'une Cassette, 1 vol. in-8. V.
785 Les Aventures de mon Cousin, 1 vol. in-12. V.
48 René, 1 vol. in-8. V.

Ayzac (d')

799 Au temps passé, vol. in 12.
964 Les Avocats des Pauvres, 2 vol. in-12. B.

B

B. (Mme de)

883 Guerre d'Orient racontée aux femmes, 1 vol. in-12. V.

B. (l'abbé **Ch.**)

935 Une première année dans le monde, 1 vol. in-12. V.

Bahab (l'abbé)

884 Vie de Madame Séton, 1 vol. in-12. R.

Bach (R. P. **D.**)

885 Histoire de saint François de Géronimo, 1 vol. in-12. R.

Bachelet (Théodore)

71 Guerre de cent ans, 1 vol. in-8. R.
94 Mahomet, 1 vol. in-8. R.

Baldassari

76 **Pie VI**, 1 vol. in-8. R.

Ballacey

886 **L'antre des Mystères**, 1 vol. in-12. V.
887 **La ballade du Lac**, 1 vol. in-12. V.

Balleydier

87 **Histoire de la Révolution de Rome**, 1 vol. in-8. R.

Balme Frézol (l'abbé)

165 **Réflexions et Conseils sur l'éducation**, 2 vol. R.

Bally (Mme Louise)

936 **L'Oasis des jeunes voyageurs**, 1 vol. in-12. V.

Barante (baron de)

888 **Mémoires de Madame la Marquise de la Rochejacquelin**, 1 vol. in-12. R.

Barbé (Madame)

93 **L'Orphelinat de Plessis-lès-Tours**, 1 vol. in-8. V.
84 **Page du comte de Flandre**, 1 vol. in-8. V.

Barbercy (Madame)

72 **Élisabeth Séton**, 1 vol. in-8. V.

Barbes

889 **Les Chantenay**, 1 vol. in-12. V.

Barbier (l'abbé)

890 **Petite théologie** à l'usage des gens du monde, 2 vol. in-12. B.
891 **Petite théologie** à l'usage de la jeunesse. B.

Bareille

892 **Émilia Paula**, 2 vol. in-12. V.

Barré (l'abbé)

937 **Vie de Charles Thépot**, 1 vol. in-12. V.

Beauregard (Barthélemy de)

894 **Histoire de Charles V**, 1 vol. in-12. V.

Bassanville (Mme de)

938 Conseils aux enfants du peuple, 1 vol. in-12 V.
895 Un Voyage à Naples, 1 vol. in-12. V.
61 Les deux Familles, 1 vol. in-8 (double). V.

Beaunard (l'abbé)

67 *bis* Vie de Mme Barat, 2 vol. in-8. R.
67 Histoire de Mme Duchesne, 1 vol. in-8. R.

Beugny (de)

952 Touriste et Pèlerin, 1 vol. in-12. V.

Bayle (l'abbé A.)

896 La Perle d'Antioche, 1 vol. in-12. V.

Beauchesne (D.-M.-A. de)

893 Louis XVII, sa vie, *son agonie*, sa *mort*, 2 vol. in-12. R.
23 Vie de Mme Élisabeth, 2 vol. in-4. R.

Beaufort (comtesse de)

78 Histoire des Papes, 4 vol. in-8. R.

Beaulieu (Mme de)

941 Le La Bruyère des jeunes personnes, 1 vol. in-12. V.

Beauterne (de)

939 Sentiments de Napoléon, 1 vol. in-12. R.

Beauvais (de)

940 Les Quarante Martyrs, 1 vol. in-12. R.

Becdelièvre (D. M. G. A. de)

943 Souvenirs de l'Armée Pontificale, 1 vol. in-12. R.

Becq (l'abbé)

82 Impressions d'un Pèlerin de terre sainte, 2 vol. in-8. V.

Béésau (l'abbé)

942 Vie du R. P. Anne-François de Beauveau, 1 vol. in-12. R.

Belamy

949 Rome, Impressions et Souvenirs, 2 vol. in-12. R.

Belcastel (de)

933 Ce que regarde le Vatican, 1 vol. in-12. R.

Beluze (l'abbé)

950 Pérégrinations en Orient et en Occident. 2 vol. in-12. R.

Benoist (Mme)

944 Marguerite, 1 vol. in-12. V.

Bernard (Mme Laure)

946 Contes maternels, 1 vol. in-12. V.

945 Les voyages racontés à la jeunesse, 2 vol. in-12. (double) V.

Bernardin de Saint-Pierre

8 Études et harmonies de la nature, 1 vol. in-4. R.

Bernier

898 Sainte Bible, 6 vol. in-12. B.

Beurino (Dominique)

90 Vie de Saint Joseph de Copertin, 1 vol. in-8. R.

Berquin

68 L'ami des Adolescents, 1 vol. in-8. V.
69 L'Ami des enfants, 1 vol. in-8. V.
70 Le livre des Familles, 1 vol. in-8. V.

Beruyer

65 Histoire du peuple de Dieu, 9 vol. in-8. R.

Berton (l'abbé)

89 Quatre années en Orient, 1 vol. in-8. V.

Berville (G. de)

947 Histoire de Bertrand Duguesclin, 1 vol. in-12. V.

Beugnon (H. de)

948 Antonia, 1 vol. in-12. (double) V.
899 Lucia de Mommor, 1 vol. in-12.
951 Les Quatre Sœurs, 1 vol. in-12. V.

41 Bibliographie catholique, 12 vol. in-4. R.
900 Bible en images, 1 vol. in-12. R.

Bidal (Mgr)

959 Les Églantines de la Vierge Marie, 1 vol. in-12. R.
958 Le long du chemin, 1 vol. in-12. V.

Biervliet (Mlle **Mélanie Van**)

81 Souvenirs du pensionnat, 1 vol. in-8. V.
86 La Science du vrai bonheur, 1 vol. in-8. V.

Bion (**Pierre**)

961 Le troupier Louis Latour, 1 vol. in-12. V.
960 Raynaldo et Selina, 1 vol. in-12. (double) V.

Biraghi (l'abbé)

963 Vie de sainte Marceline, 1 vol. in-12. R.

Bian (l'abbé)

75 Histoire ecclésiastique, 3 vol. in-8. R.

Blanchard (**Pierre**)

980 L'ecole des mœurs, 2 vol. in-12. V.
979 Petit voyage autour du monde, 1 vol. in-12. V.

Blanchemain

984 Anatole Feugère, 1 vol. in-12. V.

Blanchère (**de la**)

978 Le Trésor de Montcalm, 1 vol. in-12. V.
977 Mémoires d'une ménagerie, V.
902 Le père Branchu, 1 vol. in-12. V.
962 Blanche et Noire, 1 vol. in-12. V.

Blandy S.

903 La Benjamine, 1 vol. in-12. V.
985 Un Oncle à héritage, 1 vol. in-12. V.

Blondel

88 La Famille chrétienne, 1 vol. in-8. V.

Boden (Mlle **de**)

987 Elisabeth, 1 vol. in-12. V.
989 Le Filet et l'Hameçon, 1 vol. in-12. V.

986 Scènes de la Vie intime, 1 vol. in-12. V.
988 Scènes de la Vie sociale, 1 vol. in-12. V.

Bois-Aubry (de)

955 La Vie de saint François de Paule, 1 vol. in-12. R.

---

990 Le bon Ange des Campagnes, 1 vol. in-12. R.

Bonhomme

904 Le duc de Penthièvre, 1 vol. in-12. R.

Bonneau (Avenant)

956 Madame de Miramion, 1 vol. in-12. V.

Bonus (R. P. **John**)

907 Les Ombres de la Croix, 1 vol. in-12. R.

Bordot

905 Légendes et Souvenirs, 1 vol. in-12. (double) V.
901 Napoléon en Champagne, 1 vol. in-12. R.

Boré

73 Correspondance et Mémoires d'un Voyageur en Orient, 2 vol. in-8. R.
85 Bossuet de la jeunesse, 1 vol. in-8. R.
965 Lettres spirituelles, 1 vol. in-12. B.

Bossuet

966 Élévations sur les Mystères, 1 vol. in 12. R.

Boucher (l'abbé)

967 Vie de la Bienheureuse Marie de l'Incarnation, 2 vol. in-12. R.

Boufflier (P. Gabriel)

906 La Vénérable Servante de Dieu Anna-Maria Taïgi, 1 vol. in-12. R.

Bougaud (l'abbé)

64 Histoire de sainte Monique, 1 vol. in-8. R.

Bouhour (P. de)

95 Vie de saint François-Xavier, 1 vol. in-8. R.

968 Vie de saint Ignace, 1 vol. in-12. R.

Bouillerie (Mgr de la)

908 Méditations sur l'Eucharistie, 1 vol. in-12. B.
92 Symbolisme de la Nature, 1 vol. in-8. R.

Bouiller (Eugène)

63 Lettres d'un Pèlerin de Jérusalem, 1 vol. in-8 (double). R.

Bouilly

909 Contes à mes Filles, 1 vol. in-12. V.
969 Les Encouragements de la Jeunesse, 1 vol. in-12. V.

Bousquet (l'abbé)

912 Les Actes des Apôtres modernes, Voyages, 3 vol. in-12. V.

Boulx (Marcel)

59 Sainte Thérèse, Lettres, 3 vol. in-8. B.
60 Œuvres de sainte Thérèse, 3 vol. in-8. B.

Boulanger (l'abbé)

910 La Bienheureuse Marguerite-Marie, 1 vol. in-12. R.
62 Mémoires de la mère de Changy, 1 vol. in-8 (double). R.
1036 Stéphano, 1 vol. in-12. V.

Boullier (Isidore)

79 Laval et ses Environs, 1 vol. in-8. V.

Bouniol (D. M. Bathilde)

992 La France héroïque, 3 vol. in-12. V.
995 La Caverne de Vaugirard, 1 vol. in-12 (double). V.
991 Les Combats de la Vie, 1 vol. in-12. V.
993 Les Epreuves d'une Mère, 1 vol. in-12. V.
997 La Joie du Foyer, 1 vol. in-12. V.
996 Les Marins français, 2 vol. in-12. V.
998 A l'ombre du Drapeau, 1 vol. in-12. V.
994 Le Soldat apôtre, Paris 1858, 1 vol. in-12 (double). V.

Bourassé (l'abbé)

45 Les Cathédrales de France, 1 vol. in-4. R.

970 **Histoire naturelle des Oiseaux**, 1 vol. in-12. R.
911 **Vie de la Bienheureuse Jeanne-Marie de Maillé**, 1 vol. in-12. R.

Bourbourg (l'abbé)

971 **Le Kalife de Bagdad**. 1 vol. in-12. V.
91 **Histoire du Patrimoine de saint Pierre**, 1 vol. in-8. R.

Bourdaloue

973 **Pensées**, 2 vol. in-12. B.

Bourdon (Mme)

1022 **L'Adoption**, 1 vol. in-12. V.
1016 **Antoinette Lemire**, 1 vol. in-12. V.
1003 **Les Béatitudes**, 1 vol. in-12. V.
1004 **Les belles Années**, 1 vol. in-12 (double). V.
1019 **La Charité**, 1 vol. in-12. V.
1023 **Denise**, 1 vol. in-12. V.
1014 **La Ferme aux Ifs**, 1 vol. in-12. V.

Bourdon (Mme)

1018 **L'héritage de Françoise**, 1 vol. in-12. V.
1010 **Le lait de chèvre**, 1 vol. in-12. V.
1012 **Lettres à une jeune fille**, V.
1006 **Mademoiselle de Neuville**, in-12 (double). V.
1025 **Marcia**, 1 vol. in-12. V.
1013 **Marthe Blondel**, 1 vol. in-12. V.
1021 **Le ménage d'Henriette**, 1 vol. in-12. V.
1026 **Orpheline**, 1 vol. in-12. V.
1020 **Les premiers et les derniers**, 1 vol. in-12. V.
1017 **Pulchérie**, 1 vol. in-12 (double). V.
1007 **Quatre nouvelles**, 1 vol. in-12 (double). V.
1027 **Quelques heures de solitude**. Paris, 1860, 1 vol. in-12 (double). V.
1015 **Les Servantes de Dieu**, 1 vol. in-12. R.
1008 **Souvenirs d'une institutrice**, 1 vol in-12 (triple). V.
1009 **Les trois Sœurs**, 1 vol. in 12 (double). V.
1005 **Types féminins**, 1 vol. in-12. V.
1011 **Une faute d'Orthographe**, 1 vol. in-12 (double). V.
1024 **Un rêve accompli**, 1 vol. in-12. V.
1002 **Marie Tudor et Elisabeth**, 1 vol. in-12. V.

Bourgeau (l'abbé **Th.**)

953 Jésus-Christ connu et aimé, 1 vol. in-12. B.

Bourgoing

954 Vertu des Missionnaires, 1 vol. in-12. V.

Boutauld

957 Conseils de la Sagesse, 1 vol. in-12. B.

Boys (**Albert du**)

80 Catherine d'Aragon, 1 vol. in-8°, R.

Branchereau

917 Vie de M. Hamon, 1 vol. in-12. R.

Broquaval (**Mme**)

916 Jacinthes, 1 vol. in-12. V.
915 Myosotis, 1 vol. in-12. V.

Bray (**Marie de**)

919 L'Ange du pardon, 1 vol. in-12. V.
918 Le Bonheur de la religion ou l'Aveugle de la vallée de Brunoy, 1 vol. in-12 (double). V.
921 Les deux Orphelins, 1 vol. in-12. V.
914 La famille Dumonteil, 1 vol. in-12. V. R.
913 Le pouvoir de la Charité, 1 vol. in-12. V.
920 Le Robinson des neiges, 1 vol. in-12. V.

Bret (**J.**)

931 Livadia, 1 vol. in-12. V.

Bréhat (**A. de**)

1035 Les Aventures de Charlot, 1 vol. in-12. V.
972 Les Contrebandiers de Santa Cruz, 1 vol. in-12. V.

Bresciani (**A.**)

928 Edmond, Scènes de la vie populaire à Rome, 1 vol. in-12. V.
927 Benjamine-Aurore, 1 vol. in-12. V.
923 Le Juif de Vérone, 2 vol. in-12. V.
926 Lionello, 1 vol. in-12. V.
922 La République romaine, 1 vol. in-12. V.

924 **Ubaldo et Irène**, 2 vol. in-12. V.
925 **Victorin**, 1 vol. in-12. V.

Briand (l'abbé)

929 **Vie de Mlle Pauline de Saint-André**, 1 vol. in 12. R.
930 **Philibert Simon**, 1 vol. in-12. R.
275 **Recueil des écrits de Marie Eustelle**, 2 vol. in-8. B.

Brouillon (R. P.)

66 **Mission du Kiang-Nan**, 1 vol. in-8. R.

Bruges (**G. de**)

934 **La Légende du bienheureux Charles le Bon**, 1 vol. in-12. R.

Bruneteau-Corail (**Mme**)

932 **Le Manoir de Roche Corail**, 1 vol. in-12. V.

Brunello

77 **Vie du serviteur de Dieu Jean-Joseph Allemand**, 1 vol. in-8. R.

Buet (**Charles**)

1030 **Le Maréchal de Montmayeur**, 1 vol. in-12. V.
983 **Morogh à la hache**, 1 vol. in-12 (double). V.
1000 **Le Roi Charlot**, 2 vol. in-12 (le 2e manque). V.
1001 **Les Rois du Pays d'Or**, 1 vol. in-12. V.
982 **L'Honneur du Nom**, 1 vol. in 12. V. R.
999 **Simon Pierre**, 1 vol. in-12. V.
981 **Hauteluce et Blanchelaine**, 1 vol. in-12. V.

Buisseret-Stanbecque (comtes)

1033 **Jean de Partenay**, 1 vol. in-12. V.

---

83 **Bulletin de la Société de Saint-Vincent-de-Paul**, 5 vol. in-8. R.

Buffon

74 **Œuvres choisies**, 1 vol. in-8. R.

Buron (**P.**)

1031 **Une Semaine en Famille**, 1 vol. in-12. V.
976 **Les Vacances en Famille**, 1 vol. in-12 (double). V.

Bury (**de**)

1032 Saint-Louis, 1 vol. in-12. V.

Bussière (vicomte **de**)

1034 Histoire de Saint-Vincent-de-Paul, 2 vol. in-12. R.

Busson (l'abbé)

975 L'Esprit de Saint-François de Sales, 1 vol. in-12. B.
974 Règle d'une Vie chrétienne, 2 vol. in-12. B.

Bussy

1028 Veillées sur Terre et sur Mer, 1 vol. in-12. V.

C

C* M.**, ancien curé)

504 La Fille du Mandarin, 1 vol. in-12. V.

Caddell (**Maria**)

513 Snowdrop, 1 vol. in-12. V.

Cachupin (**R. P. François**)

462 Vie du vénérable Louis Dupont, 1 vol. in-12. R.

Cadoudal (**M. G. de**)

115 Faits et Récits contemporains, 1 vol. in-8° (double). R.
534 Les Serviteurs des hommes, 1 vol. in-12. R.

Cahour

543 Beaudoin de Constantinople, 1 vol. in-12. V.

Caillot (l'abbé)

536 Beauté des Lettres édifiantes, 1 vol. in 12. R.
518 Beauté du Christianisme, 1 vol. in-12. V.
526 Abrégé de l'histoire du Bas Empire, 2 vol. in-12. R.
550 N.-D. de Lorette, 1 vol. in-12. R.

Carisson (**M**lle)

1624 Un Échange, 1 vol. in-12. V.

Carpentier

482 Les vaillants Cœurs, 1 vol. in-12. V.

120 **Histoire des Reines de France,** 1 vol. in-8. V.
529 **Les Jumeaux de Lusignan,** 1 vol. in-12. V.

Caro

489 **L'Idée de Dieu,** 1 vol. in-12. R.
533 **Caroline de Montfort,** 1 vol. in-12. R.

Carron (l'abbé)

96 **Les Confesseurs de la Foi,** 4 vol. in-8°. R.
548 **La Morale au coin du feu,** 1 vol. in-12. V.
481 **Les nouvelles Héroïnes,** 2 vol. in-12 (le premier manque). V.
519 **Nouveaux Justes,** 1 vol. in-12. R.
514 **Vie du père Brydaine,** 1 vol. in-12. R.
497 **Vie des Justes,** 6 vol. in-12. R.

Cartier (E.)

127 **Lettres de sainte Catherine de Sienne,** 3 vol. in-8°. B.

Casse (Bon **Robert du**)

505 **Le Volontaire de 1793,** 1 vol. in-12. V.
542 **Monsieur Patau,** 1 vol. in-12. V.

Castel (**Mme Hélène du**)

516 **Régine** ou **la Perle des grèves,** 1 vol. in-12. V.

Cathelineau (Gal)

498 **Le corps Cathelineau,** 2 vol. in-12. R.

Caudau (M.)

473 **Mendez Pinto,** 1 vol. in 4°. R.

Caussette (R. P.)

121 **Dieu et les Malheurs de la France,** 1 vol. in-8. R.

Cauvain (Henri)

480 **Le grand Vaincu,** 2 vol. in-12. V.
528 **Le roi de Gand,** 1 vol. in-12. V.

Cecyl (Aimé)

549 **Cœurdoux** (nouvelle), 1 vol. in-12.
103 **La croix d'Orval,** 1 vol. in-8. V.

114 Une Maîtresse d'école, 1 vol. in-8. V.

---

531 Le Centenaire de saint Pierre, 1 vol. in-12 (double). R.

Cépary (Virgile)

1625 Vie de saint Stanislas Kostka, 2 vol. in-12. R.

Cervantès (Michel)

463 Histoire de don Quichotte de la Manche, 2 vol. in-12. V.

Challamel (Augustin)

547 Saint Vincent de Paul, 1 vol. in-12. R.

Chalendon (Mgr)

499 Souvenirs et Exemples, 1 vol. in-12. V.

Chalcdon (l'abbé)

545 Vie de Mme de Méjanès, 1 vol. in-12. R.

Chantrel (J.)

507 L'Église et l'Usine, 3 vol. in-12. V.
465 Histoire contemporaine, 1 vol. in-12. V.
537 Lizzie Martland, 1 vol. in-12. R.
486 Notre-Dame de Liesse, 1 vol. in-12. R.
535 Le roi Pie IX, 1 vol. in-12. R.
540 La Royauté Pontificale, 1 vol. in-12. R.
99 Les Vêpres Siciliennes, 1 vol. in-8. R.

Charbonnier (Charles)

532 Les petites Causes peu célèbres, 1 vol. in-12. R.

Chardon (l'abbé)

544 Mémoire de l'Ange-Gardien, 1 vol. in-12. V.

Charlevoix (père de)

512 Histoire du Japon, 1 vol. in-12. R.

Chassay (l'abbé)

487 Les difficultés de la Vie de famille, 1 vol. in-12. R.
479 La Femme chrétienne dans ses rapports avec le monde, 1 vol. in-12. R.

495 **Manuel d'une Femme chrétienne**, 1 vol. in-12. B.

Chateaubriand

467 **Itinéraire de Paris à Jérusalem**, 2 vol. in-12. R.

---

466 **Génie du Christianisme**, 2 vol. in-12. R.
486 **Le château d'Avrilly**, 1 vol. in-12. V.

Chatillon (**M**me)

468 **Le Père Olivaint.** 1 vol. in-12. R.

---

113 **Le château de Bois-le-Brun**, 1 vol. in-8. V.

Chauveau (le père)

470 **Souvenirs de l'École de sainte Geneviève**, 3 vol. in-12. R.
118 **Le vrai Patriotisme**, 1 vol. in-8. R.

Chavin (de Malan)

100 **Histoire de saint François d'Assise**, 1 vol. in-8. (double) R.
252 **Histoire de sainte Catherine de Sienne**, 2 vol. in-8. R.

Charoumes (P.)

122 **Vie du P. Barelle**, 2 vol. in-8. R.

Cherancé (L.)

471 **Saint François d'Assise**, 1 vol. in-12. R.

Chocarne (R. P. B.)

101 **Le R. P. H. Lacordaire**, 1 vol. in-8. R.

Choisy (François-Timoléon de)

523 **La Vie de Mme de Miramion**, 1 vol. in-12. R.

---

492 **Choix de beaux Exemples**, 1 vol. in-12. V.
42 **Choix de Lettres édifiantes**, 8 vol. in-4°. R.

Christian

509 **Le Catéchisme en histoires**, 1 vol. in-12. R.

Clair (R. P.)

500 André Hofer, 1 vol. in-12. V.
472 La Jeunesse de saint Augustin, 1 vol. in-12. R.
502 Grippard, 1 vol. in-12. V.
541 Les Papes en exil, 1 vol. in-12. R.
469 Pierre Olivaint, 1 vol. in-12. R.

Clément (Félix)

530 Françoise de Sauvigny, 1 vol. in-12. V.

---

19 Le Clocher, 1 vol. in-4. (2 années). V.
539 Clotilde, 1 vol. in-12. V.

Cloysault (Edme)

319 Vie de saint Charles Borromée, 2 vol. in-8. R.

Cobbett

527 Lettre sur l'histoire de la Réforme, 1 vol. in-12. R.

Cognat

98 Mémoires de Mme de Motteville, 2 vol. in-8. R.

Collet

475 Vie de saint Vincent de Paul, 1 vol. in-12. (double). R.

Collin de Plancy

106 Légendes des Vertus théologales, 1 vol. in-8. R.
202 Légendes du Juif-Errant, 1 vol. in-8. V.
107 Légendes des Femmes dans la Vie réelle, 1 vol. in-8. R.
203 Légendes de la Sainte-Vierge, 1 vol. in-8. V.
108 Les douze Convives du chanoine de Tours, 1 vol. in-8. R.
204 Légendes de l'Histoire de France, 1 vol. in-8. R.
109 Légendes de l'Ancien Testament, 1 vol. in-8. R.
105 Légendes des sept Péchés capitaux, 1 vol. in-8. R.
110 Légendes des Sacrements, 1 vol. in-8. R.
111 Légendes des saintes Images, 1 vol. in-8. R.
112 Légendes des Commandements, 2 vol. in-8. R.

Colombet-Gabourd

125 Le Comte de Varfeuil, 1 vol. in-8. V.
525 Saint Charles Borromée, 1 vol. in-12. R.

Condrin

116 Vie de l'abbé Condrin, 1 vol. in-8. R.

---

484 Les Confidences de Marguerite, 1 vol. in-12. V.
490 Le Congé du Capitaine, 1 vol. in-12. V.

Congnet (Henri)

119 Madame de Bussières, 1 vol. in-8.

Conny (**M.** le vicomte **F.**)

464 Histoire de la Révolution de France, 14 vol. in-12. R.

Cooper Fénimore

538 L'Ecumeur de Mer, 1 vol. in-12. V.

Coquereau

40 Souvenirs du Voyage à Sainte-Hélène, 1 vol. in-4. R.

Cordier (Alphonse)

491 Madame Elisabeth de France, 1 vol. in-12. R.
483 A travers la France, l'Italie, la Suisse, etc , 1 vol. in-12. R.
485 Correspondance de Famille, 1 vol. in-12. V.

Cortauze (de)

511 Dinah, 1 vol. in-12. V.

---

38 Le Courrier de la Jeunesse, 1 vol. in-4. V.

Couturier (Jean)

494 Histoire de l'Ancien Testament, 4 vol. in-12. B.

Craon (princesse **de**)

508 Thomas Morus, 2 vol. (double). R.

Craven (**Mme Aug.**)

474 Fleurange, 2 vol. in-12. V.
503 Adelaïde Capece Minutolo, 1 vol. in-12. V.

496 Récit d'une Sœur, 2 vol. in-12. R.

Cresseden (Lise)

506 Fleur d'Hiver, 1 vol. in-12. V.
521 Rose et Juliette, 1 vol. in-12. V.
476 Sarah Jeffrier, 1 vol. in-12. V.
520 Suzanne, 1 vol. in-12. V.

Cretineau (Joly)

1622 Clèment XIV et les Jésuites, 1 vol. in-12. R.
124 Histoire de la Compagnie de Jésus, 6 vol. in-8. R.

Croiset (Le Père)

126 Année chrétienne ou Vie des Saints, 9 vol. in-8. B.

Croissant

517 La Hutte du Pêcheur, 1 vol. in-12. V.

Cros (Père)

510 B. Berchmans, 1 vol. in-12. R.
524 Fleurs de saint Joseph de Rivoli, 1 vol. in-12. R.
551 Vie intime de saint Louis, 1 vol. in-12. R.

Croset (R. P.)

104 Vie de la Vénérable Mère Marie de Jésus, 1 vol. in-8 (double). V.

Cruice (l'abbé)

493 Vie de Monseigneur Affre, 1 vol. in-12. R.

Curé de Saint-Sulpice

123 Notre-Dame de France, 2 vol. in-8. R.
102 Vie de saint François de Sales, 2 vol. in-8. R.

Curo (Mme Marie)

515 Berthe d'Altémart, 1 vol. in-12. V.

D

Dabert (l'abbé)

1231 La Solitaire des Rochers, 1 vol. in-12. R.
142 Histoire de saint Thomas de Villeneuve, 1 vol. in-8. R.

Damas (de)

1234 En Orient, 1 vol, in-12. R.

Danbri (**A.**)

1286 La Petite Morale en exemples, 1 vol. in-12. V.

Daniel (R. P.)

1237 Alexis Clerc, 1 vol. in-12. R.

1238 Histoire de la Bienheureuse Marguerite-Marie, 1 vol. in-12. R.

Daniélo

1232 Vie de Mme Isabelle, sœur de saint Louis, 1 vol. in-12. R.

Darras (l'abbé)

1240 Les Chrétiens à la Cour de Dioclétien, 1 vol. in-12. R.

1239 La Légende de Notre-Dame, 1 vol. in-12. R.

Darbins (l'abbé **Pascal**)

147 Vie et Œuvres de Marie Lataste, 3 vol. in-8 (double). B.

Daubenton (R. P.)

1236 La Vie de saint François Régis, 1 vol. in-12.

D'Ault Dumesnil (**Ed.**)

1282 Relations de l'expédition d'Afrique, 1 vol. in-12. R.

Daumas

1235 Mœurs et Coutumes de l'Algérie, 1 vol. in-12. R.

Dauphin (l'abbé)

1233 Etudes et Harmonies de la Nature, 1 vol. in-12. R.

Daurignac

1221 Histoire de saint François Xavier, 2 vol. in-12. R.

1226 Vie du R. P. Clément Cathary, 1 vol. in-12 (double). R.

1228 Saint Ignace, 2 vol. in-12 (double). R.

1224 Histoire de saint Louis de Gonzague, 1 vol. in-12. R.

1222 Blanche de Castille.

1223 Sainte Jeanne-Françoise de Chantal, 1 vol. in-12. R.

1225 Le B. Pierre Canisius.

1227 Le Père Claver, 2 vol. (double).

1229 Saint François de Borgia, 1 vol. in-12. R.
1230 Saint François d'Assise, 1 vol. in-12. R.
136 Vie de Maximilien d'Este, 1 vol. in-8. R.

Débenez

1288 Beauvallon, 1 vol. in-12. V.

Degan (l'abbé)

1254 Les Mérites du Curé de campagne, 1 vol. in-12 (triple). R.

Delacroix (l'abbé)

1302 Le Volontaire Pontifical, 1 vol. in-12 R.

Delarbre (Mme)

128 Dictionnaire historique d'Éducation, 2 vol. in-8. R.
1258 Les Causeries d'une Bonne Mère.

Delafaye-Brehier (Mme)

1257 Aristide et Idalie, 1 vol. in-12. V.
1252 Les Petits Béarnais, 1 vol. in-12 (double). V.

Delaunay (Emile)

1301 Mlle France, 1 vol. in-12. V.
1303 Le Retour, 1 vol. in-12. V.
1304 Le Trappiste de Staouëli, 1 vol. in-12. V.

Delanro Dubez

146 L'Athée redevenu Chrétien, 1 vol. in-8. R.

Delmas (l'abbé **G.**)

1255 Les Mystère de la première Communion, 1 vol. in-12

Delvincourt

130 Les Annales du Bien, 2 vol. in-8.

Demore (l'abbé **F.**)

129 Vie de sainte Claire d'Assise, 1 vol. in-8. (double) R.

Deminuid (l'abbé)

143 Pierre le Vénérable, 1 vol. in-8. R.

Derouet

1314 Les Causeries du Docteur, 1 vol. in-12. V.

Desarènes (l'abbé)

1285 Les Héros chrétiens, 1 vol. in-12. V.

Desdoults

1241 Le Livre de la Nature, 4 vol. in-12. R.

Deservillers (le comte de)

145 Un Évêque au XIIe siècle, 1 vol. in-8. R.

Desnoyers

141 Le vénérable B.-J. Labre, 2 vol. in-8. R.

Desormes

138 Le choix d'un État, 1 vol. in-8. V.

Des Prez de la Ville-Tual

1294 La Femme d'un avocat, 1 vol. in-12. V.

Desves (Alexandrine)

135 Louise Meuray, 1 vol. in-8. R.
1256 L'Ange de la Famille, 1 vol. in-12. V.

1300 Une Dette sacrée, 1 vol. in-12. V.
144 Les deux Filles de sainte Chantal, 1 vol. in-8. R.
1299 Les deux Familles, 1 vol. in-12. V.

Devin (l'abbé)

1253 Récréations innocentes de la jeunesse, 1 vol. in-12. V.

Devoile (A.)

1272 Andréas, ou le prêtre soldat, 1 vol. in-12. V.
1271 L'Astre du soir, 1 vol. in-12. V.
1273 Le Cercle de fer, 1 vol. in-12 (double). V.
137 La Charrue et le Comptoir, 1 vol. in-8. V.
1264 Les Croisés, 1 vol. in-12. V.
1265 La Croix du Sud, 1 vol. in-12. (triple) V.
1275 Les deux Lyonnais, 1 vol. in-12. V.
1276 L'Étoile du Matin, 1 vol. in-12. V.
1262 Ève de Mandré, 1 vol. in-12. V.
1277 L'Exilée, 1 vol. in-12. V.
1274 Un Intérieur, 1 vol. in-12 (double). V.
1259 La Fiancée de Besançon, 2 vol. in-12 (double). V.

1268 Mémoires d'un vieux Paysan, 1 vol. in-12 (double). V.
1260 Le Mendiant, 1 vol. in-12. V.
1269 Le Moine de Luxeuil, 2 vol. in-12 (double). V.
1261 Notre-Dame de Consolation, 2 vol. in-12. V.
1267 L'Œil d'une Mère, 1 vol. in-12. V.
1266 Le Parjure, 1 vol. in-12. V.
1278 La Prisonnière de la Tour, 1 vol. in-12. V.
1270 Le Terroriste, 1 vol. in-12. V.
1263 Le Tour de France, 1 vol. in-12. V.

Dickens (Charles)

1319 Maison à Louer, 1 vol. in-12. V.

Dirks

1305 Les Caciques de Tlascala, 1 vol. in-12. V.

Didierjean (R. P.)

1292 Souvenirs de Metz, 2 vol. in-12. R.

Didon (l'abbé)

1293 Histoire de l'ancien et du nouveau Testament, 1 vol. in-12. R.

---

37 Le Dimanche des Familles, année 1857, 1 vol. in-4. V.
1287 Doctrine Chrétienne, 1 vol. in-12. B.

Dolé

1316 Pensées de Lecreps, 1 vol. in-12. R.

Domazan (l'abbé)

1317 Sœur J.-M. Redri, 1 vol. in-12. V.

Doncourt (de)

1315 Les Parfums de la Vie, 1. vol. in-12. V.

Domenech

132 Journal d'un Missionnaire, 1 vol. in-8. R.

Donoso Cortès

478 Essai sur le Catholicisme, 1 vol. in-12. R.

Doublet

1318 Amalia Corsini, 1 vol. in-12. V.

2.

1279 **Drame dans un Omnibus,** 1 vol. in-12. V.

Dricude

1246 **Dom Léo,** 1 vol. in-12. V.
1247 **Edmond et Arthur,** 1 vol. in-12 (double). V.
1243 **Les Épreuves de la Piété filiale,** 1 vol. in-12 (double). V.
1244 **Lorenzo,** 1 vol. in-12 (triple). V.
1245 **Rosario,** 1 vol. in-12 (triple). V.
1249 **Les Solitaires d'Isola Doma,** 1 vol. in-12 (double). V.

Drouet de Maupertus

1242 **Les Actes des Martyrs,** 1 vol. in-4. R.

Dubois (l'abbé)

33 **L'Abbé de Rancé,** 2 vol. in-4. R.
32 **Les derniers Jours de l'Exilé,** 1 vol. in-12. R.
1283 **Les Héros chrétiens,** 1 vol. in-12. R.

Dubois (Charles)

1289 **Maître Olivier,** 1 vol. in-12. V.
131 **Paris Catholique,** 1 vol. in-8. R.

Dubois (Lucien)

1291 **Le Pôle et l'Équateur,** 1 vol. in-12. R.

Dufau (P.-A.)

1296 **Souvenirs et Impressions d'une jeune Aveugle-née,** 1 vol. in-12. V.

Dufaut (André)

1295 **Vie de Pie IX,** 1 vol. in-12. R.

Dujardin (prêtre)

1284 **Œuvres complètes de saint Alphonse de Liguori,** 4 vol. in-12. B.

Dumax (l'abbé)

1297 **Récits anecdotiques sur Pie IX,** 1 vol. in-12. R.
1290 **Guerre aux Défauts,** 1 vol. in-12. R.

Dumonteil (Fulbert)

1281 **Les Carillons de Noël,** 1 vol. in-12. V.

Dupanloup (Mgr)

140 Défense de la liberté de l'Église, 2 vol. in-8. R.
139 L'Éducation, 3 vol. in-8. R.
41 Haute Éducation intellectuelle, 2 vol. in-4. R.

Duponcet (**P. D.**)

134 Exploits de Scanderbeg, 1 vol. in-8. R.

Dupuch (Mgr)

1298 Venez avec moi à La Salette, 1 vol. in-12. R.

1248 Drames à l'usage des Collèges et Pensionnats, 1 vol. in-12. V.

Drohojowska (comtesse)

133 A travers l'Océanie, 1 vol. in-8. R.
1307 Les Chrétiennes de la Cour, 1 vol. in-12 (double). R.
1312 Les Chrétiens en Syrie, 1 vol. in-12. R.
1310 Conseils à une jeune Fille, 1 vol. in-12. V.
1306 L'Esclave, 1 vol. in-12. V.
1313 Les Femmes pieuses de la France, 1 vol. in-12. R.
1280 Le Secret du Bonheur, 1 vol. in-12. R.
1311 Le Sourd-Muet, 1 vol. in-12. V.
1308 Histoire d'Algérie. 1 vol. in-12. R.

Drohojowski (**Félix**)

1309 Le Facteur de la Poste, 1 vol. in-12. V.

D. S.

1250 Saint Martin, évêque de Tours, 1 vol. in-12. R.
1251 Vie de sainte Geneviève, 1 vol. in-12. R.

E

837 L'Écho de la Sainte Montagne, 1 vol. in-12. R.

---

814 L'Église et l'Apocalypse, 1 vol. in-12. R.

Edgeworth (Miss)

813 Demain, suivi de Mourad le malheureux, 1 vol. in-12. V.

Edgworth de Frimond (l'abbé)

148 **Mémoires**, 1 vol. in-8. R.

Émery (Marie)

150 **Amicie**, 1 vol. in-8. (double) V.
816 **Cécile**, 2 vol. in-12. (double) V.
817 **Une chaîne brisée**, 1 vol. in-12. V.
149 **Les Nègres de la Louisiane**, 1 vol. in-8. R.

Emmerich (Anne-Catherine)

819 **Douloureuse Passion**, 2 vol. in-12. R.
820 **La sainte Chronique** ou Nouvelle Vie de Notre-Seigneur Jésus-Christ, 2 vol. in-12. B.
834 **Vie de la Sainte Vierge**, 1 vol. in-12. B.

Enduran

838 **Mademoiselle de Sombreuil**, 1 vol. in-12. V.

Enjelvin (R. P.)

835 **Le soleil de Terre Sainte**, 1 vol. in-12. R.

---

151 **L'Enfant de troupe**, 1 vol. in-8. V.

---

818 **Une enfant de Marie**, 1 vol. in-12. V.

Épagny (d')

842 **La Fille de l'Émigré**, 1 vol. in-12. V.

---

153 **L'Ermitage de Saint-Didier**, 1 vol. in-8. R.

---

152 **L'Ère des Martyrs**, 1 vol. in-8. R.

Essarts (Alfred des)

832 **Deux Croisades au moyen-âge**, 1 vol. in-12. V.
833 **Le Meneur de loups**, 1 vol. in-12. V.

---

836 **Essais sur l'Allemagne**, 1 vol. in-12. R.

---

844 Éphémérides révolutionnaires, 1 vol. in-12. R.

Estry (**Stéphen d'**)

154 Histoire d'Alger, 1 vol. in-8. R.

Éthampes (**G. d'**)

821 **Émilienne,** 1 vol. in-12. V.
825 **La Muette d'Orvault,** 1 vol. in 12. V.
828 **Éven le Monudich,** 1 vol. in-12. V.
822 **Les deux Alix,** 1 vol. in-12. V.
155 **Les deux routes de la vie,** 1 vol. in-8 (double). V.
827 **Mélite Belligny,** 1 vol. in-12. V.
830 **Les Illusions d'Hélène,** 1 vol. in-12. V.
826 **La petite Étoile,** 1 vol. in-12. V.
824 **La petite Reine des Korrigands,** 1 vol. in-12. V.
823 **La Robe de la Vierge,** 1 vol. in-12. V.
829 **Rome et Italie,** 1 vol. in-12. R.
831 **Yves et Yvette,** 1 vol. in-12. V.

---

839 **L'Étrangère dans sa Famille,** 1 vol. in-12. R.

Éverlange (l'abbé **d'**)

840 **Vie des saintes Servantes,** 1 vol. in-12. R.

Exauvillez (**d'**)

847 **Aurélie,** 1 vol. in-12. (double.) V.
846 **Le bon Paysan,** 1 vol. in-12. V.
843 **Histoire de Godefroy de Bouillon,** 1 vol. in-12. R.
849 **Histoire de l'abbé de Rancé,** 1 vol. in-12. R.
845 **Les Hommes célèbres,** 1 vol. in-12. R.
848 **Les trois Cousins.** 1 vol. in-12. V.
156 **Vie de Mgr de Quelen,** 1 vol. in-8. R.

Expilly (**Mme**)

840 **La Vierge de Pola,** 1 vol. in-12. V.

Eyriès (**M.**)

850 **Histoire des Naufrages,** 1 vol. in-12 (double). R.

F

F. J. L.

650 **Histoire de Fenélon,** 1 vol. in-12. R.
651 **Vie de Bossuet,** 1 vol. in-12. R.

Faber (R. P.)

659 **Les Bords de la Somme,** 1 vol. in-12. V.
655 **Précieux-Sang,** 1 vol. in-12. B.
656 **Le Créateur et la Créature,** 2 vol. in-12. B.
658 **Veillées Arlésiennes,** 1 vol. in-12. V.
654 **Le Pied de la Croix,** 1 vol. in-12. B.
657 **Sir Lancelot,** 1 vol. in-12. R.
653 **Tout pour Jésus,** 1 vol. in-12 (double). B.
660 **Amis en vacances,** 1 vol. in-12. V.
652 **Le Saint-Sacrement,** 2 vol. in-12. B.

Fallet (Mme D.)

158 **Histoire de Pierre Le Grand,** 1 vol. in-8. R.
662 **Le Choix d'une Amie,** 1 vol. in-12. V.
157 **La Réconciliation,** 1 vol. in-8. V.

Falloux (comte de)

665 **Souvenirs de Charité,** 2 vol. in-12. V.
661 **Louis XVI,** 1 vol. in-12. R.
663 **Lettres de Madame Swetchine,** 2 vol. in-12. R.
664 **Pie V,** 2 vol. in-12. R.

---

666 **La Falaise de Mesnil-Val,** 1 vol. in-12. V.

Farrenc (Mme)

670 **Antoine et Joseph,** 1 vol. in-12. V.
671 **Jules ou la Vertu dans l'indigence,** 1 vol. in-12. V.
669 **Théodule ou l'Ami des Malheureux,** 1 vol. in-12. V.
668 **Frédéric,** 1 vol. in-12. V.

Faure (R. P.)

672 **Saint Louis Bertrand,** 1 vol. in-12. R.

---

673 La Femme du Monde selon l'Évangile, 1 vol. in-12. B.

---

167 La Ferme de Valcomble, 1 vol. in-8. V.

Fenélon

161 Œuvres, 1 vol. in-8. B.
667 Télémaque, 1 vol. in-12. R.

Félix (R. P.)

159 Le Progrès, 6 vol. in-8. B.
675 Qu'est-ce que la Révolution, 1 vol. in-12. R.
160 Le Socialisme, 1 vol. in-8. B.

Ferraige (Jacques)

674 Révélations de sainte Brigitte, 4 vol. in-12. B.

Féval (Paul)

676 Les Fanfarons du Roi, 2 vol. in-12. V.
678 Étapes d'une Conversion, 1 vol. in-12. V.
690 La Louve, 1 vol. in-12. V.
682 Les Couteaux d'or, 1 vol. in-12. V.
683 La Fille du Juif-Errant, 1 vol. in-12. V.
685 Le Poisson d'or, 1 vol. in-12. V.
691 Roland pied de fer, 1 vol. in-12. V.
687 La Cavalière, 1 vol. in-12. V.
688 Les Compagnons du Silence, 1 vol. in 12. V.
677 Pas de Divorce, 1 vol. in-12. R.
684 Le dernier Chevalier, 1 vol. in-12. V.
680 Une Histoire de Revenants, 1 vol. in-12. V.
679 La Première Communion, 1 vol. in-12. R.
681 La Belle Étoile, 1 vol. in-12. V.
689 Frère tranquille, 1 vol. in-12. V.
686 La Chasse au Roi, 1 vol. in-12. V.

Fillon (l'abbé)

692 Marie de Longevialle (sœur Marie Bernard), 2 vol in-12. R.

---

718 Les Fils de la Montagne, 1 vol. in-12. V.

Fléchier

693 Histoire de Théodose, 1 vol. in-12. R.

Fleuriot (**Zénaïde**)

698 Les Prévalonnais, 2 vol. in-12. V.
701 Les Pieds d'Argile, 2 vol. in-12. V.
702 Armelle Trahec (suite des Pieds d'Argile), 1 vol. in-12. V.
711 Un Fruit sec, 2 vol. in-12. V.
1217 Ce Pauvre Vieux, 1 vol. in-12. V.
696 Sans Nom, 1 vol. in-12. V.
713 Les Aventures d'un Rural, 2 vol. in-12. V.
699 Un Cœur de Mère, 1 vol. in-12 (double). V.
714 Sans Beauté, 1 vol. in-12. V.
715 Petite Belle, 1 vol. in-12. V.
703 En Congé, 1 vol. in-12. V.
712 Histoire Intime, 1 vol. in-12. V.
708 Un Enfant gâté, 1 vol. in-12. V.
707 La Glorieuse, 1 vol. in-12. V.
697 Une Année de la Vie d'une Femme, 1 vol. in-12. V.
695 Une Parisienne sous la Foudre, 1 vol. in-12. V.
709 Petits et Grands, 1 vol. in-12. V.
705 Marquise et Pêcheur, 1 vol. in-12. V.
700 Les Mauvais Jours, 1 vol. in-12. V.
694 Mon Sillon, 1 vol. in-12. V.
706 La Clef d'or, 1 vol. in-12. V.
710 Alix, 2 vol. in-12. V.
704 Une Chaîne invisible, 1 vol. in-12. V.
716 Mes Héritages, 1 vol. in-12. V.
717 Miss Idéal (suite de mes Héritages 1 vol. in-12.

Fleury (l'abbé)

720 Mœurs des Israélites et des Chrétiens, 1 vol. in-12. R.

Fliche (Mgr)

162 Vie de la sœur Marguerite du Saint-Sacrement, 1 vol. in-8. R.

Florinda

719 Récit d'une jeune femme, 1 vol. in-12. V.

Foë (Daniel de)

721 Aventures de Robinson Crusoé, 2 vol. in-12. (double). V.

Forbes (R. P.)

723 Un Missionnaire catholique, 1 vol. in-12. R.

Forges (Yves de)

725 L'Apostolat d'Andre, 1 vol. in-12. V.

Fouré (Stanislas)

164 Fleurs et Fruits de la Foi, 1 vol. in-8. R.

Fontoulieu (Paul)

724 Les Églises de Paris sous la Commune, 1 vol. in-12. R.

---

722 La Foi, l'Espérance et la Charité, 1 vol. in-12. B.

---

163 Au Foyer de la Famille, 1 vol. in-8. V.

France (l'abbé)

728 Sérapia, 1 vol. in-12. V.

Franclieu (de)

726 Vie de la Mère Elisabeth Giraud, 1 vol. in-12. R.

Franco (R. P.)

727 Trois Nouvelles, 1 vol. in-12. B.
729 Antoinette Goldoni, 1 vol. in-12. R.
730 Tigranate, 3 vol. in-12. V.

Franz (Mme)

731 Hermann et Wilhelmine, 1 vol. in-12. V.

Frayssinous

732 Défense du Christianisme, 3 vol. in-12. B.

Frézol (Balini)

165 Réflexions et Conseils pratiques sur l'Éducation, 2 vol. in-8. R.

Frizon

737 Vie du cardinal Bellarmini, 2 vol. in 12. R.

Froment (Mathilde)

734 **La Vie réelle**, 1 vol. in-12. V.

Fulberton (lady)

166 **Rose Leblanc**, 1 vol. in-8. V.
733 **Laurentia**, 1 vol. in-12. V.
735 **Une Vie orageuse**, 2 vol. in-12. V.
736 **Dona Luisa de Carvajol**, 1 vol. in-12. V.

G

G* (C.)**

563 **Aventures de Mer**, 1 vol. in-12. V.

Gabriac (R. P. **de**)

569 **R. P. de Pontlevoy**, 2 vol. in-12. R.

---

568 **Gabrielle**, 1 vol. in-8. R.

Gabourd

566 **Histoire de Villars**, 1 vol. in 12. V.
565 **Histoire de Henri-le-Grand**, 1 vol. in-12. R.
562 **Histoire de Louis XII**, 1 vol. in-12. R.
168 **Histoire de Napoléon-Bonaparte**, 1 vol. in-8. R.
567 **Histoire de Charlemagne**, 1 vol. in-8. R.
488 **Histoire du grand Condé**, 1 vol. in-12. R.
171 **Histoire de saint Pierre**, 1 vol. in-8. R.
169 **Histoire de Louis XIV**, 1 vol. in-8. R.
564 **Histoire de France**, 3 vol. in-12 (le 1er manque) R.

Gaduel (l'abbé)

570 **Instructions et Avis de saint François de Sales**, 1 vol. in-12. (double) R.

Gaillardin (Casimir)

170 **Les Trappistes**, 2 vol. in-8. R.

Gall (Le)

571 **La duchesse Anne**, 1 vol. in-12. V.

Gallais (Le)

172 Chronique du mont Saint-Bernard, 1 vol. in-8. (double). R.

Garnier

649 La Violette de Pise, 1 vol. in-12. V.

Garnier (Charles)

572 Manuel du siège de Gaëte, 1 vol. in-12. V.
573 Voyages dans l'Asie méridionale, 1 vol. in-12. V.
574 Voyages dans l'Hindoustan, 1 vol. in 12. V.

Gaulle

576 Excursions dans le département de Seine-et-Oise, 1 vol. in-12. V.

Gaulle (de)

174 Les Fêtes chrétiennes, 1 vol. in-8. B.
578 Les Sanctuaires de Saint Joseph, 1 vol. in-12. B.
575 Le Cortège de Saint-Joseph, 1 vol. in-12. R.

Gaulle (Mme de)

577 Sainte Hélène et son siècle, 1 vol. in-12. R.

Gaulle (de)

173 Les Hommes forts, 1 vol. in-8. R.
579 Semno l'affranchi, 1 vol. in-12. V.

Gaume (Mgr)

583 Suéma ou la Petite Esclave africaine, 1 vol. in-12. V.
581 Le Signe de la Croix, 1 vol. in-12. B.
175 Catéchisme de persévérance, 1 vol. in-8. B.
580 Les trois Rome, 5 vol. in-12. R.
582 L'Eau bénite au XIXe siècle, 1 vol. in-12. B.

Gautier (Léon)

584 Scènes et Nouvelles, 1 vol. in-12. V.

Gaveau (l'abbé)

686 Saint Stanislas Kostka, 2 vol. in-12. R.

Gavéran (l'abbé)

585 Défense du Saint-Siége, 1 vol. in-12. R.

Gavot (l'abbé)

588 La sœur Maria, 1 vol. in-12. R.
587 Sœur Eugénie, 1 vol. in-12. R.

Gay (R. P.)

176 Sainte Clotilde, 1 vol. in-8. R.

Gay (Mgr)

177 Conférences aux Mères chrétiennes, 2 vol. in-8. B.

Gay (R. P.)

589 Victorius, 1 vol. in-12. R.

Geiger (l'abbé)

590 Léandre et Hémigild, 1 vol. in-12. (triple). V.

Gélinski (Mme)

591 Vie de Louise Jacquette Benaden, 1 vol. in-12. R.

Gendry (l'abbé)

592 Les Stations de la Voie douloureuse, 1 vol. in-12. R.

Génois (**J. de Saint**)

593 Le Château de Wildemborg, 1 vol. in-12. V.

Georges (l'abbé **Étienne**)

178 Histoire du Pape Urbain IV, 1 vol. in-8. R.

Géramb (**de**)

597 Lettres sur l'Eucharistie, 1 vol. in-12. B.
595 Choses nécessaires, 1 vol. in-12. B.
594 L'Éternité s'avance, 1 vol. in-12. R.
598 Pélerinage à Jérusalem, 3 vol. in-12. R.
596 Voyage de la Trappe à Rome, 1 vol. in-12. R.

Gérard (l'abbé)

599 Le Comte de Valmont, 6 v. in-12. V.

---

600 La Gerbe, 1 vol. in-12. V.

Gerbier (Mlle)

182 Marie de Bourgogne, 1 vol. in-8. V.

Chavanes de la Giraudière

179 Les Chinois, 1 vol. in-8. R.
604 Histoires instructives, 1 vol. in-12. R.

Gillet (l'abbé)

601 Vie de saint Alphonse de Liguori, 1 vol. in-12. R.

Girin

606 Les Lurons de la Ganse, 1 vol. in-12. V.

Girard

602 Pierre Chauvelot, 1 vol. in-12. V.

Girard (Just)

605 Le Père Tropique, 1 vol. in-12. V.
181 Voyages, Aventures et Naufrages, 1 vol. in-8. V.
180 Le Curé d'Auvrigny, 1 vol. in-8. R.

Gobaille

608 Le pieux Lévite, 1 vol. in-12. R.

Godard (l'abbé)

607 Histoire d'une Visitandine, 1 vol. in-12. R.

Gondon (Jules)

1218 Histoire de saint Augustin, 1 vol. in-12. R.

Gouraud (Mlle)

611 Le Livre de Maman, 1 vol. in-12. V.
612 Florence Raymond, 1 vol. in-12. V.
614 Marianne Aubry, 1 vol. in-12. V.
613 Les deux Enfants de saint Domingue, 1 vol. in-12.

Goudault (Jules)

20 Sully et son temps, 1 vol. in-4. R.

Goschler

610 Mozart, 1 vol. in-12. V.

Gorini

183 Défense de l'Église, 3 vol. in-8. B.

O'Gorman (William)

609 Le Prophète du Monastère ruiné, 1 vol. in-12. R.

Gournerie (Eugène de la)

184 Rome chrétienne, 2 vol. in-8. R.
185 Histoire de Paris, 1 vol. in-4. R.

Gouvello (Hippolyte Le)

615 Le Pénitent Breton, 1 vol. in-12. V.

Gracerie (de la)

616 Florine, 1 vol. in-12. V.

Grand-Maison (de)

617 Histoire de la Trappe, 1 vol. in-12. R.

Grange (Jean)

619 Mère Saint-Ambroise, 1 vol. in 12. V.

Grange (Antoinette La)

1216 Le Batelier du Tibre, 1 vol. in-12. V.
618 Souvenirs d'un Gendarme, 1 vol. in-12. V.

Grasset (R. P.)

620 Vie de sainte Catherine de Bologne, 1 vol. in-12. R.

Grenade (Louis de)

603 Le Guide des Pécheurs, 1 vol. in-12. V.

Gridel (l'abbé)

621 Soirées Chrétiennes, 7 vol. in-12. B.

Grimaud

622 Récits Vendéens, 1 vol. in-12. V.

Grimblot (Edouard)

623 La comtesse de Sémainville, 1 vol. in-12. V.

Grou (R. P.)

624 L'Intérieur de Jésus et de Marie, 2 vol. in-12. B.

Guénot (C.)

627 L'Ermite du Mont des Oliviers, 1 vol. in-12. R.
632 La Comtesse de Montbéliard, 1 vol. in-12. V.
187 Le Fédéré, 1 vol. in-8 (double). V.
626 Les Fils d'Arius, 1 vol. in-12. V.

631 Félynis, 1 vol. in-12. V.
191 Le Grenadier de la République, 1 vol. in-8. V.
633 Hanani, l'Essénien, 1 vol. in-12. V.
188 Le Kalifah de Béni-Salem, 1 vol. in-8. V.
625 Marie Brignon, 1 vol. in-12. V.
189 Marcus Plautius, 1 vol. in-8. V.

Guenot (**Henri**)

190 Le Maure de Grenade, 1 vol. in-8. V.
192 Le Planteur de Java, 1 vol. in-8. V.

Guenot (**C.**)

628 Sabinianus, 1 vol. in-12. V.
629 Marcellinus, 1 vol. in-12. V.
630 Michel Soudais, 1 vol. in-12. V.

Guépratte (l'abbé **L.**)

634 Vie de Berthe Bizot, 1 vol. in-12. V.

Guérin

636 Qui donne aux Pauvres prête à Dieu, 1 vol. in-12. V.
639 Promenades au Jardin des Plantes, 1 vol. in-12. V.

Guerrier de Haupt (**Marie**)

638 L'Héritier des Montveil, 1 vol. in-12. V.
637 L'Institution Leroux, 1 vol. in-12. V.

Guérin (**Léon**)

193 Simples Récits, 1 vol. in-8. V.

Guéranger (**Léon**)

635 Sainte-Cécile, 1 vol. in-12. R.

Guérinet (l'abbé)

640 Paul, 1 vol. in-12. V.

Guérinnière (**A. de la**)

186 Mandements de Mgr l'Évêque de Poitiers, 1 vol. in-8. B.

Guidée (R. P.)

641 Vie du R. P. Joseph Varin, 1 vol in-12. R.
642 Notice historique sur les R. P. de la Société du Sacré-Cœur, 2 vol. in-12. R.

Guillois (l'abbé)

643 **Explication du Catéchisme, 3 vol. in-12. B.**

Guizot (Mme)

646 **Nouveaux Contes,** 2 vol, in-12. **V.**
645 **Les Enfants,** 1 vol. in-12. V.

Gunmard

644 **Trois Ans d'esclavage,** 1 vol. in-12. V.
647 **Gustave, le volontaire du Pape,** 2 vol. in-12. R.

Guyard (l'abbé)

648 **Marie Reine et Mère des Saints,** 1 vol. in-12. B.

H

H. (l'abbé)

1171 **Un Atelier du faubourg Saint-Antoine,** 1 vol. in-12. V.

Hahn Hahn (comtesse)

1178 **De Babylone à Jérusalem,** 1 vol. in-12. R.
1179 **Les Martyrs,** 1 vol. in-12. R.

Halloix (R. P.)

199 **Vie de saint Denis l'Aréopagite,** 1 vol. in-8. R.

Hansen (Léonard)

1177 **Vie de sainte Rose de Lima,** 1 vol. in-12. R.

1176 **Hélène de Séran,** 1 vol. in-12. V.

1208 **Hélène,** ou la **Jeune institutrice,** 1 vol. in-12. V.

Hello (Ernest)

1211 **Contes extraordinaires,** 1 vol. in-12. V.
1173 **Le Livre des Visions de la Bienheureuse Angèle de Foligno,** 1 vol. in-12. R.

Henrion

1212 **Histoire de la Papauté,** 2 vol. in-12. R.

Henry (l'abbé)

1207 La Boussole de la Vie, 1 vol. in-12. V.
1172 Les trois Légendes, 1 vol. in-12. V.

Herbet (l'abbé)

1175 L'Imitation de Jésus-Christ méditée, 2 vol. in-12. B.

1210 L'Héritage de la Tante, 1 vol. in-12. V.

Hermerel (Mme)

1209 Loisirs des Casseaux, 1 vol. in-12. V.

Hervilliers (**Edmond L'**)

1201 Le B. Josaphat Kuncewicz.

Comtesse de ***

1195 Histoire chrétienne de la Californie, 1 vol. in-12. R.

---

198 Histoire de la Conjuration de Maximilien Robespierre, 1 vol. in-8. R.

1187 Histoires, Contes et Nouvelles, 1 vol. in-12. R.

1189 Histoire d'une Fermière, 1 vol. in-12 V.

1193 Histoire des religieuses Carmélites, 1 vol. in-12. R.

1203 Histoire de Henri IV, 1 vol. in-12. R.

1206 Histoire de Marie-Antoinette, 1 vol. in-12. R.

Monseigneur l'Évêque de Poitiers

194 Histoire de Pie IX le Grand et son Pontificat, 2 vol. in-8. R.

1192 Histoire du pontificat de Pie VI, 1 vol. in-12. R.

1194 **Histoires pour tous**, 1 vol. in-12. V.

1204 **Histoire de sainte Adélaïde**, 1 vol. in-12. R.

---

197 **Histoire de saint Bonaventure**, 1 vol. in-8. R.

1191 **Histoire de saint Thomas Becket**, 1 vol. in-12. R.
1205 **Histoire de Simon-Pierre**, 1 vol. in-12. R.

1190 **Histoires de solitaires d'Orient**, 1 vol. in-12. (double). R.
1188 **Histoire de chez nous**, 1 vol. in-12. V.

1202 **Les Hommes de la Terreur**, 1 vol. in-12. R.

Huc (N.)

1180 **Souvenirs d'un voyage**, 2 vol. in-12. R.
195 **L'Empire chinois**, 2 vol. in-8. R.
1181 **Souvenirs d'un voyage dans la Tartarie et le Thibet**, 2 vol. in-8. (double). R.

Huguet (R. P.)

1184 **Bourreaux et Victimes de la Commune**, 2 vol. in-12. V.
1196 **Les Délices de l'Oraison**, 1 vol. in-12 (double). V.
1198 **Célèbres Conversions contemporaines**, 1 vol. in-12. R.
1186 **Les Gloires de Pie IX**, 1 vol. in-12. R.
1197 **Gloires et Vertus de saint Joseph**, 1 vol. in-32. B.
1183 **L'Intérieur de saint Joseph**, 1 vol. in-12. B.
1199 **Les Martyrs de la liberté de l'Église**, 1 vol. in-12. R.
1182 **La Miséricorde de Marie**, 1 vol. in-12. B.
1185 **Terribles Châtiments des révolutionnaires**, 1 vol. in-12. R.

Humbert (R. P.)

1213 **Pensées sur les grandes Vérités de la Religion**, 1 vol. in-12. B.

Hunkler (l'abbé)

1200 **Ferdinand II**, empereur d'Autriche, 1 vol. in-12. R.

I

1618 **Les Insinuations de la divine Piété** (Vie et révélations de sainte Gertrude), 2 vol. in-12 (le premier manque). R.

1619 **Instructions historiques, dogmatiques et morales sur les principales Fêtes de l'Église**, 2 vol. in-12. B.

J

Jacquenet (l'abbé **J.-B.-S.**)

871 **Vie de M. l'abbé Gagelin**, 1 vol. in-12. R.

867 **Vie de M. l'abbé Marchand**, 1 vol. in-12. R.

Janvier (l'abbé)

200 **Vie de M. Dupont**, 2 vol. in-8. R.

---

881 Jeanne-Marie, 1 vol. in-12. V.

Jeamel (Charles)

870 **Petit-Jean**, 1 vol. in-12. V.

Jehan (R. P.)

878 **Moïna**, 1 vol. in-12. V.

---

873 **Les jeunes Martyrs de la Foi chrétienne**, 1 vol. in-12. R.

---

875 **Les jeunes Héroïnes chrétiennes**, 1 vol. in-12. R.

---

869 **Le joli Château**, 1 vol. in-12. V.

---

873 **Le Joueur d'orgue**, 1 vol. in-12 V.

Jouveaux (Émile)

868 **Histoire de quatre Ouvriers anglais**, 1 vol. in-12. V.

Jouhammeaud (l'abbé)

877 Quatre Nouvelles, 1 vol. in-12. V.
24 Le Journal des bons exemples, 1 vol. in-4. V.

---

880 Journal d'une âme en peine, 1 vol. in-12. V.
27 Le Journal des jeunes personnes, 1 vol. in-4. R.

Journaux (**J.-M.**)

882 Le Chevalier aux armes vertes, 1 vol. in-12. V.

Juilles (l'abbé)

876 La jeune Fille chrétienne, 1 vol. in-12. V.

Jussieu (**Laurent de**)

879 Histoire de Charlotte Champain, 1 vol. in-12. V.

Just (**Clément**)

872 Les Compagnons de la Croix-d'Argent, 1 vol. in-12. V.

K

Karr (Mlle)

802 Le B. Réginald d'Orléans, 1 vol. in-12. V.
803 Catherine Tresize, 1 vol. in-12. V.
884 Causeries, 1 vol. in-12. V.
805 Margaret, 1 vol. in-12.
806 Le Peintre à la Violette, 1 vol. in-12. V.

Kavanach (**Julia**)

800 Madeleine, récit d'Auvergne, 1 vol. in-12. V.

Keller

201 Le général de la Moricière, 2 vol. in-8 R.

Kéroulée (**de**)

807 Un Voyage à Pékin, 1 vol. in-12. R.

Klitsche de la Grange (**de**)

808 La Vestale, 1 vol. in-12. V.
809 Relation d'un voyage au Thibet, 1 vol. in-12. V.

Kubalski

801 Voyages en Océanie. 1 vol. in-12. V.
815 Voyages en Sibérie, 1 vol. in-12. V.
810 Voyages entre la Baltique et la mer Noire, 1 vol. in-12. V.

Kittl (Mme **Marie**)

811 La Fiancée du Maronite, 1 vol. in-12. V.

L

L. D. S.

207 Laure de Cernan, 1 vol. in-8. V.

Labis (**M.** chanoine)

1383 Abrégé de la Vie de la bienheureuse Marie des Anges 1 vol. in-12. R.

Labadye (**Albert de**)

1395 Le baron de Hertz, 1 vol. in-12. V.

Labaume (**Eugène**)

206 Relations de la campagne de Russie en 1812, 1 vol. in-8. R.

Labutte

1350 La première Tache de Sang, 1 vol. in-12. V.

Lachèse (Mlle **Marthe**)

1342 Maître le Tianec, 1 vol. in-12. V.
1341 La Pupille de Salomon, 1 vol. in-12. V.
1339 Madeleine Romain, 1 vol. in-12. V.
1340 L'Enfant perdu, 1 vol. in-12. V.

Lacordaire (R. P.)

216 Vie de saint Dominique, 1 vol. in-8 (double). R.
1404 Sainte Marie-Madeleine, 1 vol. in-12 (double). R.
1343 Œuvres, 6 vol. in-12. B.

Lecuyer (R. P. **Laurent**)

1382 Les Martyrs d'Arcueil, 1 vol. in-12. R.

Ladoue (l'abbé **de**)

214 **Monseigneur Gerbet,** 3 vol. in-8. R.

Laffite (l'abbé)

7 **Le Dahomé,** Souvenirs de Voyage et de Mission, 1 vol. in-8.

Lafond (Edmond)

1355 **Rome,** lettres d'un Pélerin, 1 vol. in-12 (double). R.
1345 **Le Pélérinage d'Assise,** 1 vol. in-12. R.

Lafond (comte)

1356 **Lourdes et Pontmain,** 1 vol. in-12. B.

Laforêt (J.)

1336 **Les Martyrs de Gorcum,** 1 vol. in-12. V.

Lagrange (l'abbé)

217 **Histoire de sainte Paule,** 1 vol. in-8. R.

Lhomond

1325 **Doctrine chrétienne** (double).

Lamotte (A. de)

1325 Les Martyrs de la Sibérie, 4 vol.
1324 Pia de la San Piétrina, 2 vol., in-12. V.
1320 Les Faucheurs de la Mort, 2 vol. in-12. V.
1327 Patrick O'Byrn, 1 vol. in-12. V.
1323 L'Orpheline des Carrières de Jaumont, 1 vol. in-12. V.
1322 Journal de l'Orpheline de Jaumont, 2 vol. in-12. V.
1326 La Reine des Brumes et l'Éméraude des Mers, 1 vol. in-12. V.
1331 Histoire d'une Pipe, 2 vol. in-12.
1321 Le Taureau des Vosges, 1 vol. in-12. V.
1328 Légendes de tous les Pays, 1 vol. in-12 V.
1329 Le Roi de la Nuit, 1 vol. in-12. V.

---

205 Les Lances de Lynwood, 1 vol. in-8. V.

Landelle (de La)

1330 Les Quarts de Nuit, Contes et Causeries d'un vieux Navigateur, 1 vol. in-12. V.

Landelle (comte **de**)

222 Le Christianisme au Japon, 1 vol. in-8. R.
1338 Histoire de Duguey-Trouin, 1 vol. in-12. V.
1333 Sixièmes et derniers Quarts de Nuit, 1 vol. in-12. V.
1332 Les Marins, 1 vol. in-12. R.
1334 Les Quarts de Jour, 1 vol. in-12. V.
1337 Les deux Routes de la Vie.
1335 Phylon Binome, 1 vol. in-12. V.
215 Aventures d'un Gentilhomme, 2 vol, in-8. R.

Landriot (Mgr)

1365 La Femme pieuse, 2 vol. in-12. B.
1364 La Femme forte, 1 vol. in-12. B.
1366 Les Béatitudes évangéliques, 1 vol. in-12. B.
1367 Pensées chrétiennes sur les Évènements, 1 vol. in-12. R.

Lander (**Jean**)

1347 Rose de Bretagne. La Main de Dieu, 1 vol. in-12. V.
1348 Nouvelles et Récits villageois, 1 vol. in-12. V.

Langlois (R. P.)

1391 Jomby Soudy, 1 vol. in-12. V.

Lescaux (l'abbé)

1372 Valérin ou la Vierge de Limoges, 1 vol. in-12. V.

Lasténie (**Alphonse de**)

1399 Les Chemins verts, 1 vol. in-12. V.

Lasserre (**Henri**)

1363 Bernadette (double).
1362 Notre-Dame de Lourdes (triple).

Lavergne (Mme **Julie**)

1381 Les Neiges d'Antan, Légende et Chronique, 1 vol. in-12. V.

Lavergne (**Julie**)

1344 Légendes de Trianon, 1 vol in-12. V.

Large (**Henriette**)

1403 Petite-Marie, 1 vol. in-12. V.

Lavigerie (l'abbé)

1393 Les Martyrs en Chine, 1 vol. in-12. R.

Lavigne (Alexandre)

1392 Un Mois à Nazareth, 1 vol. in-12. B.

Laurent (l'abbé)

218 Itinéraire de la Terre au Ciel, 1 vol. in-8. B.

Lebrun (Henri)

1373 Aventures et Conquêtes de Fernand Cortez au Mexique, 1 vol. in-12. (double) R.

1376 Abrégé de tous les Voyages au Pôle Nord, 1 vol. in-12. R.

1375 Voyages et Aventures du capitaine Cook, 1 vol. in-12. R.

1374 Conquête du Pérou, 1 vol. in-12. R.

Lebrun (Mme **Camille**)

1378 Les vacances à Fontainebleau, 1 vol. in-12. V.

223 Trois mois à la Louisiane, 1 vol. in-8. V.

Lebon (Hubert)

1379 Souvenirs curieux des Missions étrangères, 1 vol. in-12. V.

1370 Vacances bien passées, 1 vol. in-12. V.

Leclerc (Mlle **Antonine**)

212 Les Chrétiens sous Néron, 1 vol. in-8. R.

220 La comtesse de Glosswood, 1 vol. in-8. V.

Lecordier (Aug.)

10 Essai sur la vraie Religion, in-8.

Le Courtier

1346 Manuel de la Messe, 1 vol. in-12. B.

213 Instructions sur les Béatitudes, 1 vol. in-8. B.

1626 Le Dimanche, 1 vol. in-12. B.

Legendre (l'abbé)

1396 Mœurs et Coutumes des Français, 1 vol. in-12. R.

Leguay (Émile)

8 De l'Ordre de la Charité de Saint-Jean-de Dieu, in-8.

Lehen (le Père **de**)

1386 La Voie de la Paix intérieure, 1 vol. in-12. B.

Lelièvre (Pierre)

1349 Les Ateliers de Paris, 2 vol. in-12. R.

Lemercier (Adrien)

1380 Conquête de Grenade, 1 vol. in-12. (double) R.
1377 Hugues ou l'Héroïsme de l'amour filial, 1 vol. in-12. V.
208 Albert ou Adversité et Courage, 1 vol. in-8. R.
1387 Les Marins célèbres de France, 1 vol. in-12. R.
209 Séphora, 1 vol. in-8. V.

Lenfant (l'abbé)

1402 Récits et Souvenirs, 1 vol. in-12. V.

Léouzon-Leduc

1397 La question Russe, 1 vol. in-12. R.

Le Roux

1385 Ricardo le franc-maçon, 1 vol. in-12. V.

Lesaint

1389 Souvenirs de deux Marins, 1 vol. in-12. V.

1361 Lettres pieuses de saint François de Sales, 1 vol in-12 (double). B.

1360 Lettres de la sœur Saint-Martinien, 2 vol. in-12. R.

Lhomond

1359 Doctrine chrétienne, 1 vol. in-12. B.
1400 Histoire abrégée de la Religion, 1 vol. in-12. R.
1357 Histoire de l'Église, 1 vol. in-12. R.

Ligny (P. **de**)

1358 Histoire de la Vie de Notre Seigneur Jésus-Christ, 1 vol. in-12. R.

Livonnière (M. Marin de)

1369 Un Philosophe, 1 vol. in-12. R.

1394 La Chambre des Ombres, 1 vol. in-12. V.

Lombez

1371 Paix intérieure, 1 vol. in-12. B.

Looy (Henri Van)

219 Récits anecdotiques et moraux, 1 vol. in-8. R.
210 Le Manoir funeste, 1 vol. in-8. V.
1388 Le Château de l'aïeule, 1 vol. in-12. V.
221 Les Fleurs de la vie de pension, 1 vol. in-8. V.

Loyan (de Sacy)

1390 Histoire d'une Cervelle, 1 vol. in-12. V.

Lortal (Mlle de)

9 Histoires de jeunes Filles, 1 vol. in-8. V.
1401 La Cellule de Françoise, 1 vol. in-12. V.

Lorgue (de)

211 La Croix dans les deux Mondes, 1 vol. in-8. R.

Lorrain (Thil)

1398 Velida ou les Guerres Canadiennes 1 vol. in-12. R.

1405 Louise ou Correspondance d'une Religieuse, 1 vol. in-12. V.

Loyseau (Jean)

1352 Rose Jourdain, 2 vol. in-12. V.
1353 Mémoires de Propre-à-rien, 1 vol. in-12. V.
1354 Le Bâton perdu, 1 vol. in-12. V.
1351 Le Lys et les Roses, 1 vol. in-12. V.

Ludolphe le Chartreux

1368 Vie de Notre-Seigneur Jésus-Christ, 2 vol. (double, le 1er manque dans une édition), in-12. B.

Luquet (Mgr)

1384 Vie et vertus de la Vénérable Anne-Marie Taïgi, 1 vol. in-12. R.

M

45 **Géraldine, 1 vol. in-12. V.**

M***

365 **Sœur Marguerite de Cortone**, 1 vol. in-12. R.
439 **Rose et Joséphine**, 1 vol. in-12. V.
417 **Le Livre des Jeunes Filles**, 1 vol. in-12. V.
457 **Les Consolations d'un Chrétien à la dernière heure**, 1 vol. in-8. R.

M. Q. X.

427 **Explication du Catéchisme du Royaume français**, 1 vol. in-12. V.

Mace (**J. A.**)

422 **La Vie de Jeanne de la Noue**, 1 vol. in-12. R.

Makau (Mme la baronne)

358 **Ce que disent les Champs**, 1 vol. in-12. R.
454 **Madeleine**, histoire chrétienne. 1 vol. in-12. V.

Madeleine (**S.** de la)

355 **Les Bienfaits de l'Adversité**, 1 vol. in-12. V.
391 **Après le Travail**, 1 vol. in-12. V.

Madoue ((l'abbé **de**)

359 **Ignace Spencer**, 1 vol. in-12. R.

Madrid (**le** père **Joseph**)

397 **Vie de sainte Claire d'Assise**, 1 vol. in-12. R.

---

1 **Magasin Catholique illustré, 1850-1853-54-55 et 8me année**, in-4.

Maguire (**J. F.**)

332 **Le père Mathew**, 1 vol. in-12. R.

Maillot (**J.**)

347 **Souvenirs de 1860, 1 vol. in-12. V.**

Maigrot

447 Mes Heures de loisir, 1 vol. in-12. V.

---

452 Le Maire de Village, 1 vol. in-12. V.

Maire (M. H. Le)

440 Contes Moraux, 1 vol. in-12. V.

Maistre (Xavier de)

455 Le Lépreux de la cité d'Aoste, 1 vol. in-12. V.

Malbraison (Rubins de)

392 Les Dunes et Brisk Gale, 1 vol. in-12. V.

Mallet

412 Les Prussiens au Mans, 1 vol in-12. R.

Malte Brun

400 Les Jeunes Voyageurs en France, 1 vol. in-12. R.

Manceau (Mme)

403 Les deux Jumeaux, 1 vol. in-12. V.

---

461 Le Manteau brun, 1 vol. in-12 (double). V.

---

457 Le Manuscrit de Raoul, 1 vol. in-12 (double). V.

Marc (l'abbé)

414 Le Ciel, 1 vol. in-12. B.

Marcel (Étienne)

368 Les trois Vœux, 1 vol. in-12. V.
445 Yvette la repentie, 1 vol. in-12. V.
334 Foi et Patrie, 1 vol. in-12. V.
428 Juliette, 1 vol. in 12. V.
453 Pour une Rose, 1 vol. in-12. V.
373 Dmitry le Cosaque, 2 vol. in-12. V.
431 Les Jours sanglants, 1 vol. in-12. V.
389 L'Héritière, 1 vol. in-12. V.
405 Laquelle ?. 1 vol. in-12 (double).. V.

433 Un Monarque au Violon, 1 vol. in-12. V.
415 Petite Sœur, 1 vol. in-12. V.
402 Un double Sacrifice, 1 vol. in-12. V.
353 Renée, 1 vol. in-12. V.
387 Grand'Mère, 1 vol. in-12. V.

Murg (Henri)

413 La Famille Luzy, 1 vol. in-12. V.

Margerie (Eugène de)

336 Les treize Malchanches du capitaine Tancreuil, 1 vol. in-12. V.
418 Angèle, 1 vol. in-12. R.
384 Contes d'un Promeneur, 1 vol. in-12. V.
380 Portraits et Caractères, 1 vol. in-12. V.
429 Les six Chevaux du Corbillard, 1 vol. in-12. V.
374 Réminisences d'un vieux Touriste, 1 vol. in-12. V.
337 Scènes de la Vie chrétienne, 2me série, 1 vol. in-12. B.
453 Cinquante Proverbes, 1 vol. in-8. V.

Margotti (l'abbé)

232 Rome et Londres, 1 vol. in-8. R.

Marie*** (Mlle)

375 Gervaise, 1 vol. in-12. V.

Marie Angélique

450 La Marguerite de San-Muriato, 1 vol. in-12. V.

---

248 Marie et Marguerite, 1 vol. in-18 V.

Maricourt (René de)

335 Marcien ou le Magicien d'Antioche, 1 vol. in-12 V.
367 Beyga, 1 vol. in-12. R.
376 Un Anglais sur le Chemin de fer du Nord, 1 vol. in-12. R.
383 Un Coin de la vieille Picardie, 1 vol. in-12. V.

Marin (R. P. **Michel Ange**)

348 Vie des Pères des déserts d'Orient, 1 vol. in-12. R.
343 Virginie, 2 vol. in-12 (double). R.

Mariste (un père)

345 Auguste Marceau, 2 vol. in-12. R.

Marlès (**J. de**)

354 Histoire d'Espagne, 1 vol. in-12. R.
401 Histoire de l'Inde, 1 vol. in-12. R.
382 Gustave ou le jeune Voyageur en Espagne, 1 vol. in-12. V.

Marmier (**X.**)

369 L'Arbre de Noël, 1 vol. in-12. V.
398 Lettres sur l'Adriatique et le Monténegro, 1 vol. in-12 (double). R.
432 De l'Est à l'Ouest, 1 vol. in-12. R.

Martin (l'abbé **F.**)

437 Vie de M. Gorini, 1 vol. in-12. R.

Martineau (baronne **des Chenez**)

404 Roses et Rubans, 1 vol. in-12. V.
390 Marquise satin vert, 1 vol. in-12. V.

Marty (**M.**)

346 Vies Chrétiennes illustrées, 1 vol. in-12. R.
459 Le Martyr de la Croix, 1 vol. in-12. B.

Marquigny (le Père)

366 Une Femme forte, 1 vol. in-12. R.

Maryand (**M.**)

395 Rosa Trévern, 1 vol. in-12. V.
1068 Clémentine de la Fresnaye, 1 vol. in-12. V.
434 Les Rêves de Marthe, 1 vol. in-12. V.
372 Les Tuteurs de Mérée, 1 vol. in-12. V.

Massé (**Jules**)

342 Cours d'Hygiène populaire. 2 vol. in-12. R.
3 La Santé universelle, n° 1-3-4, 1 vol. in-8. R.
340 Petites et grandes Misères, 1 vol. in-12. R.

Masson (Mlle **Alphonsine**)

330 Ma Conversion, 1 vol. in-12. R.

Maugeret (Mlle)

458 Luther et Loyola, 1 vol. in-12. R.
224 La Science à travers Champs, 1 vol. in-8. R.

---

406 Maurice et Stéphen, 1 vol. in-12. V.

---

448 Le mauvais Génie, 1 vol. in-12. V.

Mayne-Reid

446 Les deux Filles du Squatter, 1 vol. in-12. V.
435 Les Exilés dans la Forêt, 1 vol. in-12. V.
385 Océola le grand chef des Seminoles, 1 vol. in-12. V.
1029 Trois jeunes Naturalistes.
394 Aventures d'un Officier américain, 1 vol. in-12. V.

Mazas (Alexandre)

244 La Légion d'Honneur, 1 vol. in-8. R.
227 Les Hommes illustres de l'Orient, 2 vol. in-8. R.
249 Vie des grands Capitaines français, 5 vol. in 8. R.
250 Vie des grands Hommes de France, 2 vol. in-8. R.

Mazure

350 Le Champ de Blé, 1 vol. in-12. V.

---

460 Mélanie et Lucette, 1 vol. in-8. V.

Melot (R. P.)

379 Albina ou la pieuse Modiste, 1 vol. in-12 (double). V.

Melot (l'abbé)

425 Lettres de Saint Bernard, 1 vol. in-12. R.

Melun (vicomte **de**)

364 Vie de la sœur Rosalie, 1 vol. in-12 (double). R.
247 Vie de Mlle de Melun, 1 vol. in-8. R.
246 Sœur Nathalie, 1 vol. in-8. R.

---

430 Mémoires d'une Mère de Famille, 1 vol. in-12. V.

---

228 **Mémoires particuliers** pour servir à l'histoire de l'église de l'Amérique du Nord, 2 vol. in-8. R.

Ménard (Théophile)

243 **Le capitaine Rougemont**, 1 vol. in-8. R.

Ménetrier (l'abbé)

339 **Nouvelle Année chrétienne**, 2 vol., in-12. B.

Mennechet (Mme)

225 **Magasin de l'Enfance chrétienne**, 1 vol. in-8. B.

Merle (J. T.)

245 **Anecdotes de la Conquête d'Alger**, 1 vol. in-8. R.

Mermillod (l'abbé)

341 **De l'Intelligence et du Gouvernement de la Vie**, 1 vol. in-12. B.

Merruau (Paul)

388 **Voyages et Aventures de Christophe Colomb**, 1 vol. in-12. R.

Mesnil (du)

356 **Jeanne Herbelin**, 1 vol. in-12. V.

Mesnil (René du de Maricour)

251 **Lucie**, épisode de l'**Histoire de Syracuse**, 1 vol. in-8. V.

Mislin

2 **Les saints Lieux**, 2 vol. in-8. R.

---

407 **Messager du Sacré-Cœur**, plusieurs volumes in-12. R.

Michaud

253 **Histoire des Croisades**, 4 vol. in-8. R.

Michel (Fernand)

226 **Dix-huit Ans chez les Sauvages**, 1 vol. in-8 (triple). R.

Midy (Mme)

426 **Une Vertu par Histoire**, 1 vol. in-12. V.

Mignard

338 **Morale chrétienne**, 1 vol. in-12. B.

399 **Mignonette,** 1 vol. in-8. V.

Milly (**Alphonse de**)

424 **Journal d'un Solitaire,** 1 vol. in-12. R.
812 **Conversations et Récits,** 1 vol. in-12. R.
229 **Causeries du Soir ou Exposition de la Doctrine Chrétienne,** 1 vol. in-8. V.

Millant (l'abbé)

231 **Histoire de saint Louis,** 1 vol. in-8. R.

---

416 **La Mine d'Ivoire,** 1 vol. in-12. R.

Mirval (**de**)

396 **Le Robinson des sables du désert,** 1 vol. in-12. V.
442 **Ernest et Fortunat,** 1 vol. in-12. V.
351 **L'Ermite du Chimborazo,** 1 vol. in-12 R.
409 **Le Bonheur des Enfants,** 1 vol. in-12. V.
349 **L'Anacharsis indien.** 1 vol. in-12 (double). R.

---

371 **Mon cher petit Cahier** (journal d'une jeune Ouvrière), 1 vol. in-12. V.

Monnier (**Marc**)

386 **Pompéi,** 1 vol. in-12. V.

Monnin (l'abbé)

344 **Le curé d'Ars,** 2 vol. in-12 (triple). V.

Monniot (Mlle)

370 **Coralie Delmont,** 1 vol. in-12 V.
419 **Madame Rosely,** 2 vol. in-12. V.
331 **Journal de Marguerite,** 2 vol. in-12 (double). R.
331 **Marguerite à vingt ans,** 1 vol. in-12. V.
363 **Nina,** 1 vol. in-12. V.

---

381 **Mon Oncle Ambroise,** 1 vol. in-12. V.

Montanclos (Mme **de**)

241 **Voyages de l'Oncle Charles,** 1 vol. in-8. V.

Montbard (de)

360 Histoire de Georges d'Amboise, 1 vol. in-12. R.

---

234 De Montcalm au Canada, 1 vol. in-8. R.

Montferrand (de)

242 Thérèse ou la Vierge des Montagnes, 1 vol. in-8. V.

Montrond (Maxime de)

420 Souvenirs de la Sainte-Enfance, 1 vol. in-12. V.
239 La Vierge et les Saints en Italie, 1 vol. in-8. B.
361 La France chrétienne, 1 vol. in-12. R.
236 Les Musiciens célèbres, 1 vol. in-8. R.
237 Le cardinal Wisseman, 1 vol. in-8. R.
235 Mes Paillettes d'Or, 1 v. in-8. V.
443 Le Curé de N.-D. des Victoires, 1 vol. in-12. V.
421 Histoire de Flandrin. 1 vol. in-12. R.
233 Mes Souvenirs, 1 vol. in-8. V.
238 Les Prélats les plus illustres de France, 1 vol. in-8 R.
408 Sous la tente d'un Casino, 1 vol. in-12. V.
414 Le général de la Moricière, 1 vol. in-12. R.
438 La sainte Maison, 1 vol. in-12. B.
230 Constantinople, 1 vol. in-8. R.
441 La pieuse Pélerine, 1 vol. in-12. V.

Montzey (M. Ch. de)

411 Le père Eudes, 1 vol. in-12. R.

Moreau (l'abbé)

449 Liturgie du Dimanche, 1 vol. in-12. R.
393 Hermann, 1 vol. in-12. R.

Moreau (M. Christophe)

5 Les Gaulois nos aïeux, 1 vol. in-8. R.

Moreau (Louis)

410 Les Confessions de saint Augustin, 1 vol. in-12. R.
377 L'Héritière de Kéroulas, 1 vol. in-8. V.

Moreau Gagne

362 Une Vocation, 1 vol. in-12. V.

Morel (Père)

436 Bienheureux père Lefèvre, 1 vol. in-12. R.

Müller

378 Robinsonnette, 1 vol. in-12. V.

Muller (Eugène)

352 La Boutique du Marchand de Nouveautés, 1 vol. in-12. V.

Mullois (l'abbé)

4 Histoire populaire de la Guerre d'Orient, 1 vol. in-8. R.
423 Manuel de Charité, 1 vol. in-12. R.
333 La Charité aux Enfants, 1 vol. in-12 (triple). V.

Mussat (François)

6 Le père Mathusalem, 1 vol. in-8. V.

N

N. A. K.

1070 Vie et Aventures de Beniowski, 1 vol. in-12. R.

1036 Histoire naturelle des Animaux, 1 vol. in-12. V.

Nau (l'abbé)

1035 Préjugés et Vérités, 1 vol. in-12. R.

1109 Naufrages célèbres, 1 vol. in-12. V.

1110 Naufragés au Spitzberg, 1 vol. in-12. V.

Navery (Raoul de)

1033 La Cendrillon du Village, 1 vol. in-12. V.
1013 La Conscience, 1 vol. in-12. V.
1124 La Route de l'Abîme, 1 vol. in-12. V.
1120 La Fleur de neige, 1 vol. in-12. V.
1118 L'Aboyeuse, 1 vol. in-12. V.
1117 Zacharie le maître d'école, 1 vol. in-12. V.

1119 **Le Rameur de Galères**, 1 vol. in-12. V.
1127 **Voyage dans une église**, 1 vol. in-12. V.
1128 **L'Autel et le Foyer**, 1 vol. in-12. V.
1132 **Les Chevaliers de l'Écritoire**, 1 vol. in-12. V.
1129 **Le Choix d'une femme**, 1 vol. in-12. V.
1131 **Le Missionnaire de la Terre maudite**, 1 vol. in-12. V.
1126 **L'Odyssée d'Antoine**, 1 vol. in-12. V.
1125 **La Fille au coupeur de paille**, 1 vol. in-12. V.
1111 **Patira**, 1 vol. in-12. V.
1134 **Le Trésor de l'abbaye**, suite de **Patira**, 1 vol. in-12. V.
1121 **Le Procès de la Reine**, 1 vol. in-12. V.
1116 **L'Ange du bagne**, 1 vol. in-12. V.
1112 **Jean Canada**, suite du **Trésor de l'abbaye**, 1 vol. in-12. V.
1113 **La Fleur de neige**, 1 vol. in-12. V.
1122 **La Veuve du garde**, 1 vol in-12. V.
1114 **Les Crimes de la Plume**, 1 vol. in-12. V.
1115 **Les Coiffes de Sainte-Catherine**, 1 vol. in-12. V.
1130 **Les Religieuses**, 1 vol. in-12. V.

Neale

1138 **Duchenier**, 1 vol. in-12. V.

Nepveu (R. P.)

1146 **L'Esprit du Christianisme**, 1 vol. in-12. R.

Nettement (Alfred)

1144 **Vie de Mme la marquise de la Rochejacquelin**, 1 vol. in-12. R.

Nettement (F.)

1141 **Histoires et Légendes**, 1 vol. in-12. V.
1142 **Le Cheval blanc**, 1 vol. in-12. V.
1145 **Un Pair d'Angleterre**, 1 vol. in-12. V.

Nettement (Mlle)

1143 **Geneviève**, 1 vol. in-12. V.
1140 **Suger et son temps**, 1 vol. in-12. V.
1139 **Quiberon.**

Newman (R. P.)

256 **Callista**, 1 vol. in-8. V.
1215 **Callista**, 1 vol. in-12. V.

Nicolas (Auguste)

1164 L'État sans Dieu, 1 vol. in-12. V.
1165 Le Protestantisme, 2 vol. in-12. R.

Nicolas (A.)

1166 Études philosophiques, 4 vol. in-12. R.

Niogret (E.)

1147 Annette ou l'Enfant de la Charité, 1 vol. in-12. V.

Nisard (Théodore

1163 Histoire de la reine Blanche, 1 vol. in-12. R.

Noailles (duc **de**)

25 Madame de Maintenon, 3 vol. in-4. R.

Noble (Léon)

1137 Au milieu des Loups, 2 vol. in-12. V.

Noël (M.)

254 Leçons françaises de Littérature, 2 vol. in-8. R.

Norrew (la baronne **de**)

1152 Les quatre Missions, 1 vol. in-12. V.

1167 Notre Passé, 1 vol. in-12. V.

Nottret (Mlle)

1157 Récompense du travail, 1 vol. in-12. V.
1155 Angélique et Françoise, 1 vol. in-12. V.
1156 Marie ou la Fille adoptive, 1 vol. in-12. V.
1151 Les Leçons de la vie, 1 vol. in-12. V.
1154 Julie ou l'Heureuse influence de l'adversité, 1 vol. in-12. V.
1158 Les Fleurs d'été, 1 vol. in-12. V.
1153 Lectures en familles, 1 vol. in-12. V.
1150 Mon prix de Sagesse, 1 vol. in-12. V.

1161 Nouvelles historiques, 1 vol. in-12. V.

1168 **Nouveaux Souvenirs d'une Mère de Famille**, 1 vol. in-12. V.

1162 **Nouvelle Morale en action**, 1 vol. in-12. V.

1160 **Nouvelles des Missions d'Inde et de Chine**, 2 vol. in-12. R.

Noviant (**de**)

1148 **Le comte d'Arnage**, 1 vol. in-12. V.

Noirlière

1149 **Consolateur des affligés**, 1 vol. in-12. B.

Nuit

1169 **Vie de la Mère Marie-Thérèse**, 1 vol. in-12. R.

Nyon (**Eugène**)

1159 **Gloire et Noblesse**. 1 vol. in-12. V.
255 **Les Enfants de Mérovée**, 1 vol. in-8 (double). V.
257 **Le Français en Écosse**, 1 vol. in-8. R.

O

Olivaint (R. P.)

560 **Notes historiques sur le B. André Bobola**, 1 vol. in-12. (double). R.

Olivier (**Pauline l'**)

555 **Anémones**, 1 vol. in-12. V.
556 **Fleurs des Dunes**, 1 vol. in-12. V.

Onnée (**Jules**)

260 **Faits et Gestes de la Légion bretonne**, 1 vol. in-8. R.

---

553 **Deux Orphelines**, 1 vol. in-12. V.

---

552 **L'Orpheline de Boston**, 1 vol. in-12. V. (le deuxième volume manque).

Orse (l'abbé)

561 Les Travers de l'Humanité, 1 vol. in-12. R.
559 Massacres des Prisonniers de l'Abbaye en 1792, 1 vol. in-12. R.

Ory (Stéphanie)

258 Soirées d'Ecouen, 1 vol. in-8. V.
259 Jeanne de Bellamare, 1 vol. in-8 (double). V.

Ourliac (Edouard)

557 Contes du Bocage, 1 vol. in-12. V.
554 Nouvelles diverses, 1 vol. in-12. V.
18 L'Ouvrier (24e année), 1 vol. in-4°. V.

Ozanam

558 Deux Chanceliers d'Angleterre, 1 vol.in-12. R.

P

P. (l'abbé)

1500 Sainte Catherine de Gênes, 1 vol. in-12. R.
1525 Sainte Françoise Romaine, 2 vol. in-12. R.
1502 Vie de la Bienheureuse Baptiste Narani,1 vol. in-4.R.
262 Recherches sur la Cathédrale du Mans, 1 vol. in 8 R.
1494 Les Saints Anges, 2 vol. in-12. R.

Pagès (Léon)

267 Lettres de saint François Xavier, 2 vol. in-8. R.

Paquelin (R. P.)

270 Vie et Souvenirs de Mme de Cossé-Brissac, 1. vol. in-8. R.

Parson

1511 Edith Mortimer ou les Épreuves de la Vie, 1 vol. in-12. V.

Pastoret (Mme **de**)

1512 Madame Marie-Thérèse de France, 1 vol. in-12. R.

Pauthe (l'abbé)

1521 Mission d'Eugénie de Guérin, 1 vol. in-12. R.

Pavie (**Théodore**)

1471 Récits des Landes et des Grèves, 1 vol. in-12. V.

Perrin (l'abbé **Th.**)

1479 Les Martyrs du Maine, 2 vol. in-12. R.

Percot

269 L'Amour fraternel, 1 vol. in-8. V.

1501 Pérégrinations en Orient et en Occident, 1 vol. in-12. V.

Perdrau (l'abbé)

1485 La Mort des Justes, 2 vol. in-12. R.

Petit (l'abbé)

1498 Histoire de saint François d'Assise, 1 vol. in-12. R

1515 Le petit Bonnet, 1 vol. in-12. V.

Petit (l'abbé)

1497 Histoire de sainte Monique, 1 vol. in-12. R.
1495 Amour à la Sainte Eucharistie, 1 vol. in-12. B.
266 Vie de la mère Antoinette d'Orléans, 1 vol. in-8. R.

1527 Petites Lectures, 7 vol. in-12. R.
1499 Joseph, 1 vol. in-12. R.

Petit (l'abbé)

1496 Marie, 1 vol. in-12. V.

Philpin (R. P. **de B.**)

1522 Union de Marie, 1 vol. in-12. B.

Pichon (l'abbé)

1472 Mgr Berneux, 1 vol. in-12. R.

Pichenot (l'abbé)

1487 L'Évangile de l'Eucharistie, 1 vol. in-12. B.

Pingouet (**Emile**)

1473 Expulsions des Congrégations dans l'Ouest, 1 vol. in-12. R.

Pinart (l'abbé)

1491 Histoire du Dormeur éveillé, 1 vol. in-12. V.
1489 Les Voyages de Simbad le Marin, 1 vol. in-12. V.
1490 Gatienne, 1 vol. in-12. V.
1486 Les Aventures du calife Haroun-Alraschild, 1 vol. in-12. V.

Pinet

1488 Le Marchand et le Génie, 1 vol. in-12. V.

Piolin (dom)

263 Histoire de l'Église du Mans, 4 vol. in-8. R.

1529 Le Pirate de la Baltique, 1 vol. in-12. V.

Pitra (dom)

272 Histoire de saint Léger, 1 vol. in-8. R.

Pitray (**de**)

1518 Le Trait d'Union, 1 vol. in-12. V.

1519 La Planche de Salut, 1 vol. in-12. V.

Plasse

30 Souvenirs du Pays de sainte Thérèse, 1 vol. in-4°. R.

Poitevin (**Marie**)

35 Aimée Robert, 1 vol. in-4°. V.

Poucet (**Ch.**)

22 Pie VI à Valence, 1 vol. in-4. R.

Pontrais (**Hervé du**)

2074 Les deux Sœurs de Charité, 1 vol. in-12. R.

Poli (**Oscar de**)

Vendéens et Chouans.
1514 Jean Poigne d'Acier, 1 vol. in-12. V.

Pornin (l'abbé)

1526 Louise d'Ablainville, 1 vol. in-12. V.

Porte (A. de la)

1475 Saint Éloi, 1 vol. in-12. R.

Pouget (P.)

1503 Modèle des Chrétiens dans le monde, 1 vol. in-12. R.
1524 Mademoiselle de Lamourous, 1 vol. in-12. R.

Poujoulat

261 Histoire de la Révolution, 2 vol. in-8. R.
265 Études Africaines, 2 vol. in-8. R.
271 Le P. de Ravignan, 1 vol. in-8. R.
264 Lettres de saint Augustin, 4 vol. in-8. R.
1477 Lettres sur Bossuet, 1 vol. in-12. R.
1476 Vie de Jeanne d'Arc, 1 vol. in-12. R.

Pouplart (R. P.)

1493 Le P. de la Colombière, 1 vol. in-12. R.

1492 Pourquoi nous sommes Catholiques et non Protestants, 1 vol. in-12. R.

Poutrais (du)

1510 Hélène, 1 vol. in-12. V.

Poutchevron (de)

1523 Mademoiselle de Foix, 1 vol. in-12. R.

Pontlevoy (R. P.)

1474 Actes de la Captivité et de la Mort, etc., 1 vol. in-12. R.

Postel (l'abbé)

1507 Saint Temps du Carême, 2 vol. in-12. R.

Postel (l'abbé)

1506 Les Après-midi du Bois-Thibault, 1 vol. in-12. V.
1508 Vie de la mère Marie-Madeleine, 1 vol. in-12. R.

1504 Le bon Ange de la première Communion, 1 vol. in-12. R.
1505 Notre-Dame du Pontmain, 1 vol. in-12 (double). R.
1509 Histoire de l'Église, 1 vol. in-12. R.

Prat (R. P.)

268 Le B. Jean de Britto, 1 vol. in-8. R.
1520 Histoire de saint Jean de Matha, 1 vol.in-12. R.

Préo (de)

1513 Les Youloff, 1 vol.in-12. V.

Price (R. P.)

1517 Auprès des Malades, 1 vol. in-12. R.

Provost (Maurice de)

1516 Les Chrétiens aux bêtes, 1 vol. in-12. R.

1528 La Fille du Proscrit, 1 vol. in-12.

Proyart (l'abbé)

1482 Marie Lekzinska, 1 vol. in-12 (triple). R.
1483 Histoire de Stanislas Ier, 1 vol. in-12. R.
1484 Vie de Mgr d'Orléans de la Motte, in-12.
1480 Vie de Madame Louise de France, 2 vol. in-12. R.
1481 Vie du Dauphin, père de Louis XVI, 1 vol. in-12. R.

Q

De Quatrebarbes

851 Une Paroisse vendéenne sous la Terreur, 1 vol. in-12. R.

Quéant (l'abbé)

852 Gerbert ou Sylvestre II, 1 vol. in-12. R.

Queyras

273 Œuvres complètes du Cardinal B. Pacca, 1 vol. in-8. R.

Quinton (M. A.)

855 Aurélie ou les Juifs de la Porte Capène, 1 vol. in-12. V.

853 Le Gentilhomme de 89, 1 vol. in-12. V.
854 Le Gladiateur, 1 vol. in-12. V.

R

R. (de)

1628 La Grande Chartreuse.
1627 Recueil d'Histoires édifiantes.

Raffray (l'abbé)

1406 Beautés du Culte catholique, 2 vol. in-12 (double). R.

Raguenet (l'abbé)

1410 Histoire de Turenne, 1 vol. in-12. V.

Rambaud (l'abbé)

1409 Six mois de Captivité à Kœnigsberg, 1 vol. in-12. V.

Rambert (Jauffret de)

1407 Christine, 1 vol. in-12. V.

Ramière (père)

1408 L'Apostolat de la Prière, 1 vol. in-12. V.

1412 Raphaël Sanzio, 1 vol. in-12. V.

Rastoul (A.)

1469 Histoire populaire de la Révolution, 1 vol. in-12. R.

Ratisbonne

1411 Histoire de saint Bernard, 2 vol. (double). R.

Ravimbert (Et. de)

1470 Jérusalem, 1 vol. in-12. V.

Ravignan (père de)

279 Clément XIII et Clément XIV, 1 vol. in-8. R.
1469 Entretiens spirituels, 1 vol. in-12 (double). B.
1454 La Vie chrétienne d'une Dame dans le monde, 1 vol. in-12. B.

1448 Récréations technologiques, 1 vol. in-12. V.

Régnon (Louis de)

1455 Vie de la bienheureuse Marie-Anne de Jésus, 1 vol. in-12. R.

Regel (Maurice de)

1447 Hugues de Bathsamhausen, 1 vol. in-12. V.

Régnault (Père)

1449 La Dauphine de Saxe, 1 vol. in-12. R.
276 Relation très détaillée de ce qu'ont souffert, etc.., 1 vol. in-8. R.

Renière (la)

1450 Une Femme forte et une Mère, 1 vol. in-12. R.

1456 Retour à la Foi, 1 vol. in-12. R.

1457 Retour des Pyrénées, 1 vol. in-12. V.

1464 Renaud, 1 vol. in-12. V.

Renal

1463 Le Berquin du Hameau, 1 vol. in-12. V.
283 Renty Armand, 1 vol. in-8. V.
1458 Eugénie de Rèvel, 1 vol. in-12. V.

Revoil (Henri)

1459 Le Bivouac des Trappeurs, 1 vol. in-12. V.
278 Chasses dans l'Amérique du Nord, 1 vol. in-8. V.
1461 La Cour d'un Roi d'Orient, 1 vol. in-12. V.
1460 Les Veillées de Chasse, 1 vol. in-12. V.

Riancey (H. de)

1413 La Duchesse de Parme, 1 vol. in-12. (double). R.
274 Histoire du Monde, 4 vol. in-8. R.
1414 Les Méditations de la Vie du Christ, 1 vol. in-12. B.

Ribbe (Ch. de)

1317 Deux Chrétiennes pendant la Peste de 1820, 1 vol. in 12. V.

1418 **Le Livre de la Famille**, 1 vol. in-12. V.
1404 **Une Famille au XVIe siècle**, 1 vol. in-12. V.

Riche (l'abbé)

1424 **Fioretti**, 1 vol. in-12. V.

Richomme (Mme **F.**)

1423 **Contes dans un nouveau genre**, 1 vol. in-12. V.

Richaudeau (l'abbé)

1416 **Les Ursulines de Blois**, 2 vol. in-12. R.
1415 **Émile Defaix**, 1 vol. in-12. V.

Richebourg (Émile)

1462 **Récits devant l'Atre**, 1 vol. in-12. V.

Rigaud (Père)

1422 **Vie de la sœur Élisabeth**, 1 vol. in-12. R.

Rio (A.-F.)

1421 **Les quatre Martyrs**, 1 vol. in-12. R.

1419 **Robert**, 1 vol. in-12. V.

Robertson

1420 **Histoire de l'empereur Charles-Quint**, 1 vol. in-12. V.
1430 **Robinson Suisse**, 2 vol. in-12. V.

Roche (Allain de la)

1452 **Le Page de la duchesse Anne**, 1 vol. in-12. V.

Rochère (comtesse **de la**)

282 **L'Aumônier du Régiment**, 1 vol. in-8. V.
284 **Épisodes de la Terreur**, 1 vol. in-8. V.
1444 **Hubbard**, 1 vol. in-12. (double.) V.
1446 **Mélanie Gerbier**, 1 vol. in-12. V.
1453 **Nouveau Théâtre**, 1 vol. in-12. V.
1451 **L'Orpheline d'Évenos**, 1 vol. in-12. V.
1443 **Récits de la Marquise**, 1 vol. in-12. V.
21 **Rome**, 1 vol. in-4. (double). R.
1442 **La Syrie**, 1 vol. in-12. V.
1445 **Tébaldo**, 1 vol. in-12. V.

Rodriguez (P.)

280 Perfection Chrétienne, 2 vol. in-8. B.
1426 Perfection Chrétienne, 2 vol. in-12. R.

Rondelet (Antonin)

1427 Les Mémoires d'Antoine, 1 vol. in-12. V.
1466 La Science de la Foi, 1 vol. in-12. B.

Rosarnoux (Blanche de)

1428 Marguerite le Nobletz, 1 vol. in-12. V.

1429 La Rose fleurie, 1 vol. in-12. V.

Rossignoli (R. P.)

1441 Merveilles divines dans la sainte Eucharistie, 1 vol. in-12. (double). B.

Roux (Xavier)

1438 Les Alpes, 1 vol. in-12. V.

Rouquette (l'abbé)

1465 La Piété et le Monde, 1 vol. in-12. B.

Rousseau (l'abbé)

1440 Notice sur les 70 serviteurs de Dieu, 1 vol. in-12. V.

Roussel (Auguste)

1439 La Cinquantaine épiscopale de Pie IX, 1 vol. in-12. R.

Rouquette (l'abbé)

1467 Le Cloître dans le Monde, 1 vol. in-12. B.

Roy (J.-J.)

1431 Histoire de Charlemagne, 1 vol. (double).
281 Histoire de Marie-Antoinette, 1 vol. in-8. V.
1436 Histoire de Jeanne-d'Arc, 1 vol. in-12. V.
1433 Histoire de la Chevalerie, 1 vol. in-12. V.
1435 Histoire de Sixte V, 1 vol. in-12. V.
1434 Histoire de Louis XII, 1 vol. in-12. V.
1432 Histoire des Templiers, 1 vol. in-12. V.
16 Joseph Duplessis, 1 vol. in-4. V.
285 Marie-Thérèse d'Autriche, 1 vol. in-8. V.

17 Quinze ans de séjour à Java, 1 vol. in-4. V.
1437 Souvenirs des Temps Mérovingiens, 1 vol. in-12. V.

Rudesindo (Mgr)

277 Mémoires historiques sur l'Australie, 1 vol. in-8. R.

S

S. (**de**)

1038 La Morale du Christianisme, 1 vol. in-12. V.

Sabatier (**de Castres**)

1039 La Colonie chrétienne, 2 vol. in-12. V.

Saint-Albin (**de**)

1042 Le Pape Roi, 1 vol. in-12. R.
1041 Les Portes de l'Enfer, 1 vol. in-12. V.

Sainte-Foi (**C.**)

308 La Vénérable Jeanne-Marie de la Croix, 1 vol. in-12. R.

Saint-Jure (Père)

1040 La Vie de M. de Renty, 1 vol. in-12. V.

Sainte-Marie (Mme)

1082 Les bonnes Élèves, 1 vol. in-12 (double). V.
286 Saint Ambroise, 1 vol. in-8 (double). R.
1083 Les deux Orphelines, 1 vol. in-12. V.

Sales (**A. de**)

1107 Vie de la mère Marie-Aimée de Blonay, 1 vol. in-12. R.

Salverte (**Georges de**)

1045 La Syrie avant 1860, 1 vol. in-12. V.
Le Sanctuaire de l'Apostolat, 1 vol.

Saucié (**D.**)

296 Histoire de la Littérature française, 1 vol. in-8. R.
297 Les Chefs-d'Œuvres de Corneille, 1 vol. in-8. R.

Saunois (comtesse **de**)

1044 Les Soirées à la Maison, 1 vol. in-12. V.

Sausseret

1046 Marie dans les Cieux, 2 vol. in-12.

Sauquet (Mme **Aricie**)

28 Les nobles Cœurs, 1 vol. in-4. V.

---

329 Robert Bruce, 1 vol. in-8. R.

Savigny (**de**)

1045 L'Éducation chrétienne, 1 vol. in-12. V.

Schmidt (chanoine)

1047 Contes, 14 volumes.

Schalter (**Ernest**)

294 La Science pour tous, 1 vol. in-8. R.

Schouvaloff (Père)

290 Ma Conversion et ma Vocation, 1 vol. in 8. V.

1048 Le Secret, 1 vol. in-12. V.

Séguin (Père)

1089 Angélina, 1 vol. in-12. V.

Ségur (Mgr **de**)

1086 Ma Mère, 1 vol. in-12. R.
299 Œuvres, 4 vol. in-8. R.
1088 Opuscules, 2 vol. in-12. R.
1084 Réponses aux Objections les plus répandues, 2 vol. in-12. (double). R.

Ségur (**Anatole de**)

1051 Les Martyrs de Castelfidardo, 1 vol. in-12. R.
1054 Monseigneur de Ségur, 2 vol. in-12. R.
1052 Sabine de Ségur, 1 vol. in-12. R.
1053 Témoignages et Souvenirs, 2 vol. in-12. V.
1085 L'abbé Bernard, 1 vol. in-12. R.
292 Vie du comte Rostopchine, 2 vol. in-8. (double). R.
1050 Histoire de saint François d'Assise, 1 vol. in-12. R.
1055 Un Hiver à Rome, 1 vol. in-12. R.
1087 Caserne et Presbytère, 1 vol. in-12. V.

Ségur (comtesse **de**)

1106 Après la Pluie le beau Temps, 1 vol. in 12. V.
1105 Les petites Filles modèles, 1 vol. in-12. V.
090 Diloy le Chemineau, 1 vol. in-12. V.

Sforza (**Pallavicino**)

1067 L'Art de la Perfection chrétienne, 1 vol. in-12. B.
294 Scherwin Alice, 1 vol. in-8. V.

Sellier (Père)

1049 Vie de sainte Colette, 2 vol. in-12. R.
14-15 La Semaine des Familles, 1866, 2 vol. in-4.

Sennet (Mlle **R.**)

289 Le Nid d'Hirondelles, 1 vol. in-8. V.

Septchènes (**Jean de**)

1008 Jacquemin le Franc-Maçon, 1 vol. in-12. V.

Sévigné (**Mme de**)

295 Lettres choisies, 1 vol. in-8. R.

Sève (l'abbé)

288 Souvenirs d'un Aumônier militaire, 1 vol. in-8. R.

Silvio Pellico

1100 Rafaëlla, 1 vol. in-12. V.

Sionnet (l'abbé)

287 Mémoires historiques du Cardinal Pacca, 1 vol. in-8. R.
1058 Le Père Charles Sire, de la Compagnie de Jésus, 1 vol. in-12. R.

Siret (**Adolphe**)

1062 La Dispute historique, 1 vol. in-12. V.
1093 La Galerie de Tableaux, 1 vol. in-12. V.
1060 L'Homme aux Légendes, 1 vol. in-12. V.
1220 Manuscrit de Famille, 1 vol. in-12. V.
1061 Mon Oncle le Sorcier, 1 vol. in-12. V.
1059 Les Soirées de Famille, 1 vol. in-12. V.
1095 Les Trois Gilders, 1 vol. in-12. V.
1094 Les Vacances d'un Étudiant, 1 vol. in-12. V.

Simonnet

1057 Le Ciel sur la Terre, 1 vol. in-12. B.

Smet (de)

1098 Missions de l'Orégon, 1 vol. in-12. R.
1063 Voyages aux Montagnes, 1 vol. in-12. V.

Snell (Mlle R.)

1069 La Bien-Aimée de Malines, 1 vol. in-12. V.

Snieders (Auguste)

1070 Au Bagne, 1 vol. in-12. V.
1071 Isidora, 1 vol. in-12. V.

Soor (de)

1064 Nanette, 1 vol. in-12. V.
1072 Les Soirées du père Laurent, 1 vol. in-12 (double). V.
1073 Soirées du Village, 1 vol. in-12. V.
1091 Les Sœurs de Charité en Orient, 1 vol. in-12. R.
1056 Souvenirs de la Congrégation Notre-Dame, 1 vol. in-12 (double). R.
1101 Souvenirs de Conférences à Saint-Valère, 1830-1835, 2 vol. in-12. B.
1103 Souvenirs du Sacré-Cœur de Paris, 1 vol. in-12. R.
1102 Souvenirs d'un Sous-Officier, 1 vol. in-12. V.
1065 Souvenirs de Quarante Ans, 1 vol. in-12. V.
1066 Souvenirs d'un Otage de la Commune, 1 vol. in-12. V.
1074 Souvenirs de l'Armée d'Orient, 1 vol. in-12. R.

Souvestre (Émile)

1076 Un Philosophe sous les Toîts, 1 vol in-12. R.
1080 Trois Mois de Vacances, 1 vol. in-12 (double). V.

Stanz (Philarète).

1079 Moines et Prêtres, 1 vol. in-12. R.
26 Stéphanie Valdor, 1 vol. in-4. R.

Steyrer (père)

1004 Un Rayon de Miel, 1 vol. in-12. R.

Soltz (Mme de)

1078 Fauvette, 1 vol. in-12. V.

1096 Lis et Roseau, 1 vol. in-12. V.
1092 La Maison roulante, 1 vol.in-12. V.
1075 Les Poches de mon Oncle, 1 vol. in-12. V.
1077 Simples Nouvelles, 1 vol. in-12. V.
1097 Le Trésor de Nanette, 1 vol. in-12. V.

Strambi (le vénérable)

1099 Vie du bienheureux Paul de la Croix, 2 vol. in-12. R.

Sulpice (M. le curé **de Saint**)

1081 Vie du Cardinal de Cheverus, 1 vol. in-12 (triple). R.

Sylvain (l'abbé)

298 Vie du R. P. Hermann, 1 vol. in-8. R.

T

Tarweld (Mme **Mathilde**)

861 Histoire d'Élisabeth d'Angleterre, 1 vol. in-12. V.
864 Légendes Intimes, 1 vol., in-12 (double). V.

Terrebasse (**Alfred de**)

1037 Histoire de Bayard, 1 vol. in-12. V.

Testas (Mme)

856 Les Récits de Jean-Antoine, 1 vol. in-12. V.

Tissot (**Marcel**)

1219 La veuve d'Attila, 1 vol. in-12. R.

Tissot (**Victor**)

865 Voyage au pays des Milliards, 1 vol. in-12. R.

Todière

302 Charles VI, 1 vol. in-8. R.
293 La Fronde et Mazarin, 1 vol. in-8. R.
300 Philippe-Auguste, 1 vol. in-8. R.

Toulza (**de**)

866 Histoire de la Conquête du Mexique, 3 vol. in-12. R.

Toytot (**de**)

1214 Les Romains chez eux, 1 vol.

Trébutien (G. S.)

858 **Eugénie de Guérin,** 1 vol. in-12. V.

Tressay (l'abbé du)

863 **Vie de Mathieu de Gruchy,** 1 vol. in-12. R.

Treuenthal

860 **Les Feuilles de Palmier,** 1 vol. in-12. R.

Tresvaux (l'abbé)

303 **Histoire de la Persécution révolutionnaire en Bretagne,** 2 vol. in-12. R.
857 **Le Triomphe de la Piété filiale,** 1 vol. in-12. V.

Trognon (Auguste)

301 **L'Apôtre saint Paul,** 1 vol. in-8. V.

Trou (l'abbé)

859 **La Bienheureuse Marie de l'Incarnation, 1** vol. in-12. R.

Turquet (l'abbé)

862 **Le Saint-Siège, 1** vol. in-12. V.

U

304 **L'Univers (Italie-Sicile),** 1 vol. in-8. R.

V

V. (Mme **de**)

1575 **Visnelda** ou le **Christianisme dans les Gaules,** 1 vol. in-12. R.

M*** ((Mlle **Fanny de**)

1532 **Marie** ou **l'Ange de la Terre, 1** vol. in-12. V.
1578 **Laure et Anna** 1 vol. in-12 (double). R.

Wernier Valéry

1600 **Greta,** 1 vol. in-12. V.

Valentin (**F.**)

1591 **Voyages et Aventures de Lapeyrouse,** 1 vol. in-12 (double). R.

Valerga (Mgr)

Premiers Patriarches de Jérusalem, 1 vol. in-12. V.

Valette (l'abbé **de**)

1558 **Antoine** ou **le Retour au Village,** 1 vol. in-12. V.

1556 **La Dame de Valfleury,** 1 vol. in-12. V.

Vallon (**Georges du**)

1610 **Chez les Magyars.** 1 vol. in-12. V.

Vattier (**V.**)

1573 **Le Bouquet de lin,** 1 vol. in-12. V.

1592 **Les Veillées du Château,** 2 vol. in-12. V.

---

12 **Les Veillées des Chaumières,** 1 vol. in-4. V.

1567 **Les Veillées du Côteau,** 1 vol. in-12. V.

1563 **Veillées du Presbytère,** 1 vol. in-12. V.

1557 **Veillées du Peuple,** 1 vol. in-12. V.

Vaussière (Vte **de la**)

13 **Histoire anecdotique de la Guerre 1870-71,** 1 vol. in-4. R.

Venet

1569 **Nouvelles,** 1 vol. in-12. V.

1565 **La Vengeance Chrétienne,** 1 vol. in-12 (double). V.

Ventura (R. P.)

307 **La Femme Catholique,** 2 vol. in-8. R.

Verdal (l'abbé **de**)

1588 Vie de Marie-Marguerite de Lézo, 2 vol. in-12. R.

1564 La véritable Morale en action, 1 vol. in-12. V.

Verne (**Jules**)

1571 Le Désert de Glace, 1 vol. in-12. V.
1572 Le Chancelier, 1 vol. in-12. V.
1576 Les Anglais au Pôle Nord, 1 vol. in-12. V.

1562 Les Vertus Militaires, 1 vol. in-12. V.

Veuillot (**Louis**)

313 Les Français en Algérie, 1 vol. in-8 R.
1546 De quelques Erreurs sur la Papauté, 2 vol. in-12. V.
310 Rome et Lorette, 1 vol. in-8. R.
1579 Çà et là, 1 vol. in-12 (double). R.
1547 La B. Germaine Cousin, 1 vol. in-12. R.
311 Les Pélerinages de Suisse, 1 vol. in-8. R.
29 Agnès de Lauvens, 1 vol. in-4. R.
1581 Le Lendemain de la Victoire, 1 vol. in-12. V.
314 Vie des premières Religieuses de la Visitation, 2 vol. in-8. R.
315 Pierre Saintive, 1 vol. in-8. R.
1535 Le Parfum de Rome, 2 vol. in-12 (triple). R.
309 Correspondance de Lonis Veuillot à sa sœur, 1 vol. in-8. R.
1538 Les Nattes, 1 vol. in-12. V.
1580 Molière et Bourdaloue, 1 vol. in-12. R.

---

36 Le Pape et la Diplomatie, 1 vol. in-4. R.

1552 Vie de Madame Rivier, 1 vol. in-12. R.

1531 Vie du comte de Malet, 1 vol. in-12 R.

1550 **Vie de la R. M. Thérèse de saint Augustin,** 2 vol. in-12. R.

1586 **Vie de la Servante de Dieu,** (Sœur Véronique), 1 vol. in-12. R.

---

316 **Vie de sainte Zite,** 1 vol. in-8. R.

1553 **Vie de M. l'abbé Chopard,** 1 vol. in-12. R.

1555 **Vie de M. Olier,** 1 vol. in-12. R.

1533 **Vie du V. Perboyre,** 1 vol. in-12. R.

1539 **Vie de M. Ragot,** 1 vol. in-12. R.

1534 **Vie de Victorine de Galard-Terraube,** 1 vol. in-12.R.

1554 **Vie de saint Joseph,** 1 vol. in-12. R.

1621 **Vie de sainte Clotilde,** 1 vol. in-12. R.

1540 **Vie et Correspondance de J. Théophane Vénard,** 1 vol. in-12. R.

1561 **Vie de Monseigneur Borie,** 1 vol. in-12 R.

1549 **Vie de la sœur Marie Saint-Pierre de la Sainte Famille,** 1 vol. in-12. R.

---

320 **Vie de la R. M. Marie-Anne-Maria de la Fruglaye,** 2 vol. in-12. R.

---

321 **Vie du R. P. Liberman,** 1 vol. in-8. R.

1551 Vie du vénérable Louis-Marie Baudoin, 1 vol. in-12. R.

---

322 Vie de M. Étienne, 1 vol. in-8. R.

1568 Le vieil Ami, 1 vol. in-12. V.

1530 Le Vieux de la Montagne, 1 vol. in-12. V.

Veuillot (Eugène)

312 Guerre de la Vendée, 1 vol. in-8. R.

Villeford (de)

1601 Histoire de sainte Thérèse, 1 vol. in-12. V.

Villefranche

1596 Cinéas, 1 vol. in-12. R.
1597 Deux Orphelines, 1 vol. in-12. R.
323 Pie IX, 1 vol. in-8. R.
1583 L'Ange de la Tour, 1 vol. in-12. V.

Villeneuve (de)

1595 Epagatus, 1 vol. in-12. V.

Villemont (Cardinal)

1598 Soirées religieuses des Serviteurs de Marie, 2 vol. in-12. R.

(Villeneuve (Flayose de)

324 Histoire de sainte Roseline, 1 vol. in-8. R.

Vincellet (l'abbé)

1599 Louise ou la première Communion, 1 vol. in-12. V.

Violeau (Hyppolyte)

1544 Veillées Bretonnes, 1 vol. in-12 (double). V.
1542 Récits du Foyer, 1 vol. in-12 (double). V.
1543 Alice du Guermeur, 1 vol. in-12. V.
1541 Souvenirs et Nouvelles, 2 vol. in-12. V.
1548 Un Homme de Bien, 1 vol. in-12. R.
1545 Pélerinages de Bretagne, 1 vol. in-12 (double). V.

1584 **Soirées de l'Ouvrier**, 1 vol. in-12. V.
1537 **La Maison du Cap**, 1 vol. in-12. V.

1582 **Cecilius Viriathus**, 1 vol. in-12. V.

1577 **Deux Vocations**, 1 vol. in-12. V.

Voragine (de)

1593 **La Légende dorée**, 1 vol. in-12 (double). V.

---

318 **Voyages et Missions du P. de Rhodes**, 1 vol. in-8. R.

---

325 **Les Voyages de Jésus-Christ**, 1 vol. in-8. R.

1536 **Voyage sur la Mer du Monde**, 1 vol. in-12. R.

1560 **Voyage de Sophie et d'Eulalie**, 1 vol. in-12.

1566 **Les vrais Ornements de la Mémoire**, 1 vol. in-12. R.

W

Wery

1587 **Vie de Madame de Charmoisy** 2 vol. in-12. R.

Wallut (Ch.)

1570 **Grandeur et Décadence d'une Oasis**, 1 vol. in-12. V.

Walsch (Vte)

317 **Les Paysans Catholiques**, 2 vol. in-8 (double). V.

305 Journées de la Révolution Française, 5 vol. in-8. R.
1605 Souvenirs historiques des Principaux, etc, 1 vol. in-12 (double). R.
1602 Le Fratricide ou Gilles de Bretagne, 2 vol. in-12 (double). V.
328 Histoires, Contes et Nouvelles, 1 vol. in-8. V.
1608 Histoires, Contes et Nouvelles, 1 vol. in-12. V.
327 Souvenirs et Impressions de Voyage, 1 vol. in-8. R.
1574 Lettres Vendéennes, 2 vol. in-12 (double). R.
1606 Tableau des Sacrements, 2 vol. in-12 (double). V.
1607 Fêtes Chrétiennes, 1 vol. in-12. R.

Weale

1609 Eusèbe ou les Chrétiens au Désert, 1 vol. in-12. V.

Womner

Journal d'un Pélerinage en Terre Sainte.

Wisseman

326 Fabiola, 1 vol. in-8 (double). V.
306 Souvenirs sur les derniers Papes, 1 vol. in-8. R.
1614 La Lampe du Sanctuaire, 1 vol. in-12. R.
1604 Conférences sur les Cérémonies de la Semaine Sainte, 1 vol. in-12. R.
1611 Fabiola, 1 vol. in-12. V.
1617 La Perle cachée, 1 vol. in-12. V.

Witsche (**Mathieu**)

1616 L'École des Espions, 1 vol. in-12. V.
1617 Mademoiselle de Petitvallon, 1 vol. in-12. V.

Wolliez (Mme)

1590 Le Frère et la Sœur, 1 vol. in-12 (double). V.
1594 L'Orpheline de Moscou, 1 vol. in-12 (double). V.
1612 Le Jeune Tambour, 1 vol. in-12. V.
1615 Emma ou le Robinson des Demoiselles, 1 vol. in-12. V.
1613 Le Dévouement fraternel, 1 vol. in-12. V.
1589 Alix ou la Résignation, 1 vol. in-12. V.

Wonnier (l'abbé)

1603 **Journal d'un Pélerinage en Terre Sainte,** 1 vol. in-12. R.

Z

Zélini

1620 **Vie de la princeesse Borghèse,** 2 vol. in-12 R.

Le Mans. — Imp. Leguicheux et Cie

www.ingramcontent.com/pod-product-compliance
Ingram Content Group UK Ltd.
Pitfield, Milton Keynes, MK11 3LW, UK
UKHW021202220726
13924UKWH00003B/1284